D1924411

Bernd Wiesner

Diagnostik individueller Planungsprozesse

Bernd Wiesner

Diagnostik individueller Planungsprozesse

Zu Beziehungen zwischen ausgesagter Planungsneigung, realisiertem Planungsverhalten und Leistung

Theorie und Forschung, Bd. 363

Psychologie, Bd. 123

S. Roderer Verlag, Regensburg 1995

CIP-Titelaufnahme der Deutschen Bibliothek

Wiesner, Bernd:
Diagnostik individueller Planungsprozesse : zu Beziehungen zwischen ausgesagter Planungsneigung, realisiertem Planungsverhalten und Leistung / Bernd Wiesner. - Regensburg : Roderer, 1995

(Theorie und Forschung ; Bd. 363 : Psychologie , Bd. 123
Zugl.:Leipzig, Univ.,Diss., 1995)
ISBN 3-89073-815-X

NE: Theorie und Forschung / Psychologie

Der Inhalt dieses Buches ist identisch mit der an der TU Dresden eingereichten Promotion 'Diagnostik individueller Planungsprozesse: Zu Beziehungen zwischen ausgesagter Planungsneigung, realisiertem Planungsverhalten und Leistung'.

Die Promotion wurde am 04. Mai 1995 an der TU Dresden, Fakultät Naturwissenschaften und Mathematik in Dresden erfolgreich verteidigt.

INHALTSVERZEICHNIS

Vorwort

Auch wenn ich die nachfolgende Arbeit "selbständig und nur unter Verwendung der angegebenen Hilfsmittel und Quellen" verfaßt habe, ist das nun vorliegende Buch auch ein Ergebnis all der Menschen, die mir beim Zustandekommen dieser Arbeit geholfen haben. Ich möchte mich deshalb an dieser Stelle bei all diesen Menschen bedanken.

Besonders hervorheben möchte ich meinen Dank an alle Versuchspersonen, die an der Vor- und Hauptuntersuchung freiwillig und unentgeltlich (!) teilgenommen haben. Letzteres ist in der heutigen Zeit wohl nicht mehr selbstverständlich.

Bedanken möchte ich mich auch bei meinen Lehrern und Fachkollegen sowie bei den Universitätsangestellten der Technischen Universität Dresden für die kritischen Hinweise, Verbesserungsvorschläge und praktischen Hilfeleistungen. Ganz besonders bedanke ich mich bei Frau Dipl.-Psych. Bettina Heisig für die vielen Diskussionen während des Zustandekommens dieser Arbeit sowie für die kritische Durchsicht einer Endfassung der vorliegenden Arbeit.

Ich bedanke mich für viele inhaltliche Diskussionen bei Fachkollegen und Freunden in Bamberg, Berlin, Heidelberg, Innsbruck, Leipzig, Mannheim, Trier und anderswo. Diese Diskussionen waren mir immer wieder Anlaß, die Richtigkeit meiner Überlegungen zu hinterfragen. Sie gaben mir aber auch die Motivation, über einen sehr langen Zeitraum an einer relativ eng umgrenzten Fragestellung zu arbeiten.

Ganz besonders bedanke ich mich aber bei meinem Lehrer und "Doktorvater" Professor Winfried Hacker. Er war es, der mich seit meinem zweiten Studienjahr in mehreren wissenschaftlichen und arbeitspsychologischen Praktikas mit großem pädagogischen Feingefühl betreute und mich so zielgerichtet auf meine Tätigkeit als Psychologe vorbereitete und mich dazu motivierte. Ich bedanke mich für das Höchstmaß an Freiheitsgraden, daß er mir während unserer Zusammenarbeit gewährte, aber auch für die vielen fundierten und hilfreichen Gespräche, die er mir schnell und unkompliziert ermöglichte, wenn ich ihn darum bat.

Dank sage ich meinen Eltern, denen ich diese Arbeit widme.

1. Einleitung

Zu den faszinierendsten Leistungen des menschlichen Verstandes gehört die Fähigkeit zur gedanklichen Vorwegnahme zukünftiger Ereignisse. Begebenheiten die in naher oder ferner Zukunft liegen, kann der Mensch durch sein Vorstellungsvermögen zumindest in seiner Phantasie bereits vorher real werden lassen. Wünschen, hoffen, erfinden oder träumen - das alles sind Vorgänge, die ohne diese Fähigkeit nicht möglich wären.

Doch der Mensch besitzt nicht allein nur Phantasie - er ist auch in der Lage, durch sein eigenes Handeln, seine Wünsche und Vorstellungen tatsächlich Realität werden zu lassen, er kann versuchen, seine Umwelt durch eigene Aktivitäten so zu beeinflussen, daß sich vielleicht seine Träume erfüllen.

Nutzt der Mensch diese Fähigkeit, versucht er also in seinen Gedanken zielgerichtet seine Phantasien in die Realität umzusetzen, so kann man sagen, daß er plant. Dabei bedeutet Planung nicht zufälliges Aufnehmen von Informationen, sondern aktive und gezielte Suche nach nützlichen Informationen, nicht anfallsweises Reagieren, sondern bewußtes Überlegen über das Herbeiführen zukünftiger Ereignisse, nicht reaktives Handeln, sondern bedachtsames und willentliches Gestalten der Umwelt. Die Fähigkeit zur Planung kann dann für den Menschen die "Brücke" zwischen Phantasie und Wirklichkeit werden.

Die vorliegende Arbeit beschäftigt sich mit verschiedenen Aspekten menschlicher Planungsprozesse. Es wird darin versucht - ergänzt durch die Darstellung eigener Untersuchungen des individuellen Planungsverhaltens - einen Überblick über die große Anzahl der zu dieser Thematik vorliegenden psychologischen Arbeiten zu geben. Demnach werden in der vorliegenden Arbeit auch die verschiedensten Teildisziplinen der Psychologie berührt, insbesondere werden Bereiche der Allgemeinen Psychologie, der Psychodiagnostik sowie der Arbeitspsychologie gestreift.

2. Was ist Planung ? - Zur Begriffsklärung

2.1. Verschiedene Auffassungen des Begriffs "Planung"

Bei der Sichtung der psychologischen Fachliteratur in der die Begriffe "Plan" , "Planung", "Planungsverhalten" u.s.w. vorkommen fällt auf, daß diese Begriffe mit zum Teil recht unterschiedlichen Bedeutungsinhalten versehen werden.

Ein Grund dafür ist ohne Zweifel die Tatsache, daß Planungsprozesse in fast allen Lebensbereichen vorkommen, und demzufolge auch von verschiedenen psychologischen Forschungsrichtungen in ganz unterschiedlicher Weise interpretiert werden. So wird beispielsweise innerhalb der Problemlöseforschung individuelles Planungsverhalten als eine ganz spezifische Fertigkeit verstanden, Probleme unterschiedlichster Art auf möglichst effektive Art zu lösen (siehe dazu z.B. COVINGTON 1987, S. 474 ff.). Dagegen hat der Begriff Plan innerhalb der Theorien, die sich mit dem Verständnis von Texten beschäftigen eine etwas andere Bedeutung. Bei diesen Theorien werden Planungsprozesse als eine das Lesen begleitende Aktivität betrachtet: Der Leser eines Textes muß sich über die Pläne, Absichten bzw. Intentionen der handelnden Personen klar werden, um deren Handeln zu verstehen ("...the understander needs to follow the goals and plans of actors in a situation to make inferences" WILENSKY, 1981 S. 199). Bei mehr gedächtnispsychologisch orientierten Forschungsansätzen wird der Begriff Planung wiederum in anderer Art und Weise aufgefaßt. Planung wird hier als eine Aktivität zur Überprüfung des Langzeitgedächtnisbesitzes verstanden: "Planning is a memory task."; "...planning as an activity that tests a planner's understanding of the world" (HAMMOND 1990, S.386 und S.387).

Ein weiterer wichtiger Grund für die Verschwommenheit der oben genannten Begriffe wird von SCHOLNICK & FRIEDMAN (1987) angeführt. Diese Autoren betonen die Komplexität von Planungsprozessen und verweisen auf die daraus resultierenden unterschiedlichen Definitionsversuche des Planungspro-

zesses.

"To plan is to act simultaneously on three levels: in the reality of a problem, in accordance with an imagined scheme, and in the role of mediator between the scheme and the behavior. The varity of definitions of planning result from emphasis on one of the three levels of planning activity..." (SCHOLNICK & FRIEDMAN 1987, S. 4).

Aus dem bisher Gesagten wird deutlich, daß es zunächst notwendig ist, den Begriff "Planung" bzw. die damit verwandten Begriffe genauer zu klären. Das soll im Folgenden geschehen, wobei dafür auf bereits vorhandene Definitionen zurückgegriffen werden soll.

2.2. Eine Möglichkeit der Begriffsklärung

Will man Planung möglichst allgemeingültig definieren, so ist es zunächst notwendig, sich zu vergegenwärtigen, welche charakteristischen Eigenschaften einem Plan zugeschrieben werden können.

Betrachtet man die psychologische Forschungsliteratur, so zeigt sich eine weitestgehende Übereinstimmung über die Tatsache, daß Pläne sich auf zukünftige Handlungen beziehen. So werden beispielsweise von DREHER & OERTER (1987) Planungen verstanden "...as projections for the future" (S. 322). Von CRANACH (1980) spricht in diesem Zusammenhang von "kognitiven Vorwegnahmen" (S. 89) bzw. "zukunftsbezogenen Entwürfen", bei HAYES-ROTH & HAYES-ROTH (1979) wird diese Zukunftsbezogenheit von Planungen mit dem Begriff "predetermination" umrissen. Auch VALAX & SAROCCI (1989) betonen den antizipativen Charakter von Plänen: "Planning serves the purpose of construction series of ordered actions by anticipation" (S. 223). Als eine erste wichtige, den Begriff Planung kennzeichnende Eigenschaft kann somit festgehalten werden, daß Planungen stets auf in der Zukunft liegende Sachverhalte bezogen sind.

Welcher Art sind nun diese "Sachverhalte"? Ein Hinweis zur Beantwortung dieser Frage findet sich in der oben bereits zitierten Planungsdefinition von VALAX & SAROCCI; es wird dort von "ordered actions" gesprochen. Ähnliches liest man beispielsweise bei DE LISI (1987), welcher Planung als eine "...procedure, or a detailed program of action..." (S. 83) definiert. Von CRANACH (1980) geht davon aus, daß für einen Plan "...Art, Ordnung und Ausführung einzelner Handlungsschritte..." (S. 28) beeinflußt werden müssen, um zu einer "...Folge von Handlungsschritten..." (S. 84) zu gelangen. Auch DREHER & OERTER (1987) betonen diesen Aspekt individueller Planungen: "...planning...is defined through anticipation of actions and sequences of actions..." (S. 352). Es zeigt sich also, daß auch über die Bedeutsamkeit eines zweiten charakteristischen Merkmales von Planungen in den verschiedenen Forschungsansätzen weitestgehende Übereinstimmung herrscht: Pläne beziehen sich auf Aktionen, Handlungen oder Handlungsfolgen.

Um nun diese Handlungen oder Handlungsfolgen beeinflussen zu können *bevor* diese ausgeführt werden (Zukunftsbezogenheit der Planung), muß eine weitere Bedingung erfüllt sein, die eine dritte prägende Eigenschaft individueller Planungen darstellt. Die Wichtigkeit dieser Bedingung wird dann deutlich, wenn man sich vergegenwärtigt, daß zur Entwicklung eines Planes zumeist eine große Anzahl von Informationen verarbeitet werden müssen. Diese Informationen können aus der Umwelt stammen, sie können aber auch Bestandteil bereits vorhandener, im Langzeitgedächtnis gespeicherter individueller Erfahrungen sein. Diese Informationen muß der Planende sich bewußt machen, er muß eine interne Repräsentation (ein "inneres Abbild", ein "inneres Modell" oder eine "mentale Repräsentation" - die Bezeichnungen sind unterschiedlich) aufbauen, die die Grundlage für den Entwurf und die gedankliche Überprüfung verschiedener Vorgehensweisen bildet. Mit anderen Worten: Die Entwicklung von Plänen setzt den Aufbau einer internen Repräsentation voraus, auf deren Basis verschiedene Handlungsmöglichkeiten einer genaueren gedanklichen Analyse unterzogen werden können.

Auch dieses Merkmal individueller Planungen wird von mehreren Autoren in unterschiedlicher Art und Weise betont. So liest man beispielsweise bei SCHOLNICK & FRIEDMANN (1987), daß Planungen die "...availibility of a mental representation of the spatial and causal structure of particular events..." (S. 5) voraussetzt. HAYES-ROTH & HAYES-ROTH (1979) schreiben dazu: "...(a) ...important component of the planning process - the ability to simulate execution of a plan mentally and to use the results of the simualtion to guide subsequent planning" (S. 284). Eine noch stärkere Betonung der Wichtigkeit dieser, auf der Grundlage einer internen Repräsentation stattfindenden gedanklichen Simulation findet sich bei HACKER (1986): "Das zielgerichtete Bilden, Prüfen und erforderlichenfalls Verwerfen von Hypothesen über Vorgehensweisen und ihre Folgen als ein **Probehandeln im Abbildbereich** ist der ausschlaggebende Bestandteil des Planens" (S. 337, Hervorhebung im Original).

Ausgehend von den bisherigen Darlegungen läßt sich damit folgendes feststellen. Individuelle Planungsprozesse lassen sich in erster Linie durch drei charakteristische Eigenschaften beschreiben. Pläne haben (1.) zukünftigen Charakter, sie beziehen sich auf (2.) Handlungen, die auf der (3.) Grundlage einer internen Repräsentation hypothetisch entworfen werden. Demzufolge kann folgende Definition vorgeschlagen werden:

Individuelle Planung ist ein auf der Grundlage einer internen Repräsentation durchgeführter Informationsverarbeitungsprozeß, mit dem Ziel der Festlegung zukünftiger Handlungen.

Selbstverständlich könnte man die obige Definition erweitern, indem man noch weitere charakteristische Merkmale individueller Planungsprozesse aufzählt (wie das z.B. in Arbeiten von DREHER 1980 oder MUNZERT 1983 der Fall ist). Darauf soll hier aber verzichtet werden, da nach Ansicht des Autors - die in erster Linie von Grundannahmen der Handlungstheorie sowie der Kognitionspsychologie geprägt wurde - die oben genannten Eigenschaften die *wichtigsten* Kennzeichen individuellller Planungen sind. Eine Auflistung weiterer Eigenschaften würde dem Anliegen einer Definition widersprechen, einen

Gegenstand oder Prozeß möglichst kurz und präzise zu umreißen. Zudem wird auch aus der nachfolgenden Arbeit ersichtlich, welche Aspekte von Planungen ebenfalls noch beachtenswert sind. Schließlich liegt ein weiterer, mindestens genauso wichtiger Grund für die Bevorzugung der obigen Definition darin, daß diese mit der allgemeinwissenschaftlichen bzw. umgangssprachlichen Definition von Planung sehr gut übereinstimmt. So liest man beispielsweise in MEYER's Lexikon: "Planung: prospektiver geistiger Prozeß, der sich aus Informationsgewinnungs- und -verarbeitungsvorgängen zusammensetzt und der Vorbereitung zukünftigen Handelns dient" (MEYERS ENZYKLOPÄDISCHES LEXIKON 1979).

3. Warum wird geplant ? - Vom Nutzen der Planung

3.1. Planung und Leistung

Da man davon ausgehen kann, daß die Entwicklung eines Planes intellektuellen und zumeist auch zeitlichen Aufwand erfordert, liegt die Klärung der Frage nahe, aus welchen Gründen Pläne überhaupt erstellt werden. Mit anderen Worten: Warum wird geplant?

Zur Beantwortung dieser Fragestellung ist es notwendig, sich zunächst zu vergegenwärtigen, daß die Effekte von Planungen in der auf dem jeweiligen Plan basierenden Handlung sichtbar werden. Man muß also die Qualität der geplanten Handlung bzw. deren Ergebnisse betrachten, um eventuell vorhandene Wirkungen von individuellen Planungen beurteilen zu können.

Diesem Gedankengang folgen verschiedene Untersuchungen der handlungspsychologisch orientierten Arbeitspsychologie (ILLING 1960, NEUBERT 1969, SKELL 1972, HACKER & RICHTER 1981) in denen den Folgen der individuellen Planung von zum Teil völlig unterschiedlichen Arbeitstätigkeiten nachgegangen wurde. In diesen Untersuchungen konnte übereinstimmend nachgewiesen werden, daß diejenigen Personen, die ihre Arbeitstätigkeit nach einem vorher erstellten Plan ausführten, qualitativ und quantitativ bessere Arbeitsergebnisse erbrachten als die Personen, bei denen eine nur geringe bzw. keine Planung der Arbeitstätigkeit festgestellt werden konnte.

Neben diesen arbeitspsychologischen Befunden sind aber u.a. auch Untersuchungsergebnissse aus der Betriebswirtschaftslehre (MÜLLER-MERBAUM 1970, 1973) sowie aus Forschungen zur künstlichen Intelligenz (SACERDOTI 1974, SCHANK & ABELSON 1977, McDERMOTT 1978) bekannt, in denen ebenfalls leistungsverbessernde Effekte von Planungen nachgewiesen wurden. Zusammenfassend kann demnach zunächst festgestellt werden, daß Planungen leistungssteigernd wirken können.

3.2. Planung und Entlastung

Es ist nun zu fragen, ob die Wirkung von individuellen Planungen auf die jeweilige Handlung bzw. das jeweilige Handlungsresultat beschränkt bleibt, oder ob eventuell auch personenseitig verschiedene Effekte von Planungen nachgewiesen werden können.

Zur Beantwortung dieser Frage wurde von BATTMANN (1984) eine Untersuchung durchgeführt, auf die an dieser Stelle näher eingegangen werden soll.

In dieser Untersuchung hatten insgesamt 72 Versuchspersonen die Aufgabe, während eines am Computer simulierten Arbeitstages, zehn in einer Stadt liegende Filialen eines hypothetischen Unternehmens zu besuchen, wobei für den Besuch von drei dieser Filialen ein vorher festgelegter Zeitpunkt einzuhalten war. Die Versuchsgruppe ("Planungsgruppe") erhielt neben den Hinweisen zur Einarbeitung in das System vor dem Versuch die Instruktion, einen Plan zu erstellen (Aufforderung zur möglichst weitreichenden Planung, zur Zwischenzielbildung sowie zur Überprüfung der Nützlichkeit der einzelnen Informationen) und diesen Plan in den Computer einzugeben. Die Kontrollgruppe erhielt dagegen neben den Hinweisen zur Einarbeitung in das System keine weiteren Instruktionen. Die Versuchsaufgabe mußte insgesamt dreimal abgearbeitet werden, wobei ein Durchgang real 1,5 Stunden und fiktiv 5 bis 8 Stunden dauerte.

Als Leistungsparameter wurden die Anzahl der gewahrten Termine sowie die Wegzeit erfaßt. Daneben ermittelte BATTMANN von den Versuchspersonen die Höhe der Intelligenz. Um zu einer Aussage über den benötigten Verhaltensaufwand zu gelangen, wurde zudem die "...Intensität und Häufigkeit der Verarbeitung für die Orientierung notwendiger Informationen sowie die Anzahl der Terminverlegungen..." (S. 683) erfaßt. Als Parameter für die psychophysische Beanspruchung wurde die Herzperiodendauer der Versuchspersonen während der Aufgabenbearbeitung registriert.

BATTMANN konnte den bereits erwähnten Zusammenhang zwischen Planung und Leistung bestätigen. Sowohl bei dem Leistungsparameter "Terminwahrung" als auch bei dem Leistungsparameter "Wegzeit" erbrachten die Versuchspersonen der Planungsgruppe signfikant ($F=10,55$; $p=0,01$; $n=72$ bzw. $F=14,98$; $p= 0,01$; $n=72$) bessere Leistungen als die Versuchspersonen der Kontrollgruppe, wobei die Höhe der Intelligenz der Versuchspersonen keinen Einfluß auf diesen Zusammenhang hatte. Eindeutig konnte somit auch in dieser Untersuchung nachgewiesen werden, daß eine geplante Vorgehensweise Leistungssteigerungen bei der Aufgabenbearbeitung zur Folge haben kann.

Bei der Auswertung der experimentell gewonnenen Daten hinsichtlich des Verhaltensaufwandes zeigten sich dagegen etwas differenziertere Ergebnisse. BATTMANN fand, daß sich die Versuchspersonen der Planungsgruppe in den ersten beiden Durchgängen wesentlich intensiver orientierten als die Versuchspersonen der Kontrollgruppe. Im dritten Durchgang veränderte sich dieses Verhältnis. Hier orientierten sich die Versuchspersonen der Kontrollgruppe intensiver als die Versuchspersonen der Planungsgruppe. Dieser signifikante ($F=3{,}66$; $p=0{,}01$; $n=72$) Interaktionseffekt zeigte sich noch deutlicher bei den Orientierungszeiten. Auch hier konnte festgestellt werden, daß sich die Versuchspersonen der Planungsgruppe in den ersten beiden Durchgängen länger (im dritten Durchgang dafür kürzer) als die Versuchspersonen der Kontrollgruppe orientierten ($F=14{,}0$; $p=0{,}01$). Wie bereits bei dem Vergleich der Leistungen hatte auch hier die Höhe der Intelligenz der Versuchspersonen keinen Einfluß auf die eben beschriebenen Wechselwirkungen.

Dies änderte sich aber bei der Auswertung der zur Erfassung der psychophysischen Beanspruchung ermittelten Daten (Herzperioden). Die hierzu gewonnenen Daten sind in Abbildung 1 dargestellt.

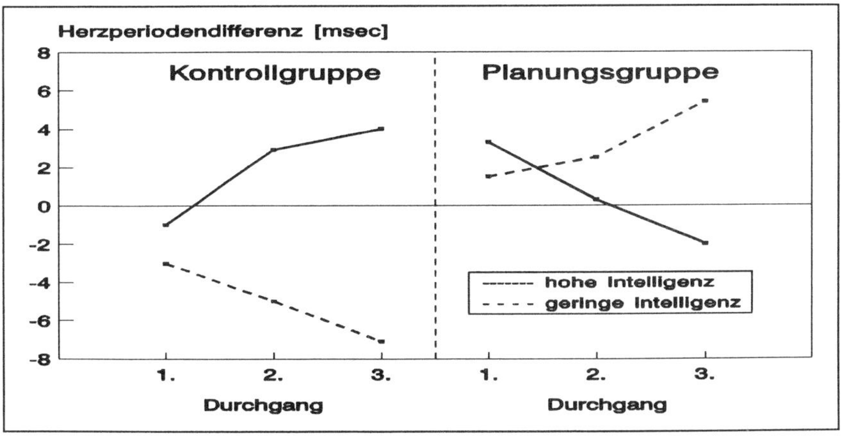

Abb. 1: Die mit Planungsprozessen verbundene tätigkeitsspezifische Aktivierung in den drei Durchgängen, differenziert für die Faktoren Planung und Intelligenz. (aus BATTMANN: Regulation und Fehlregulation im Verhalten IX. 1984, S. 684).

Aus den in dieser Abbildung dargestellten Ergebnissen kann man deutlich ablesen, daß bei den intelligenteren Versuchspersonen der Planungsgruppe die Herzperiodendauer abnimmt. Die psychophysische Beanspruchung verringert sich pro absolvierten Versuchsdurchgang. Aus diesem Ergebnis läßt sich schlußfolgern, daß die der Versuchsdurchführung vorausgehende Planung eine *während* des Handelns deutlich werdende Entlastung der Versuchspersonen zur Folge hat. Der Grund für diesen Befund liegt laut BATTMANN in der Tatsache, daß aus dem verbesserten Anforderungs-Kapazitätsverhältnis eine Minderung des Bedrohungserlebens und des Zeitdrucks resultiert. Zudem hat die der Handlung vorausgehende Planung zur Folge, daß während des Handelns der notwendige energetische Aufwand gesenkt sowie der Umfang der Informationsverarbeitung eingeschränkt wird (siehe den oben dargestellten Befund bezüglich der Wechselwirkung zwischen Versuchsdurchgang und Informationsverarbeitungsaufwand), was ebenfalls zur Folge hat, daß sich die psychophysische Beanspruchung vermindert.

Anders verhält es sich bei den weniger intelligenten Versuchspersonen der Planungsgruppe. Hier steigt die Herzperiodenfrequenz an - eine entlastende Wirkung der Planung ist nicht nachweisbar. "Planung führt bei diesen Probanden nicht zu einer Problemlösung, sondern zu einer Problemverschiebung. Der mit der Planung gewonnene Leistungsvorteil wird teilweise kompensiert durch die Ressourcenausschöpfung und Ermüdung, die mit der Entwicklung eines Planes verbunden ist... Die Erkenntnis, daß ein Plan ein geeignetes Hilfsmittel zur Prävention gegenüber Gefahren ist und Mißerfolge auf eigenes Versagen zurückzuführen sind, mündet in der inneren Verpflichtung, auch anspruchsvolle Pläne zu entwickeln und ohne Abstriche zu vollziehen - selbst wenn dies die eigenen Kräfte zu überfordern droht" (BATTMANN 1984, S. 689).

Aus den dargestellten Untersuchungsergebnissen und teilweise zitierten Interpretationen von BATTMANN lassen sich demnach folgende Schlußfolgerungen ziehen. Das Erstellen von Plänen erfordert einen erhöhten intellektuellen Aufwand. Dieser Aufwand entsteht dadurch, daß der Planende sich vor dem Handeln länger und intensiver mit der Beschaffung und Verarbeitung von aufgabenrelevanten Informationen beschäftigt. Der Sinn dieses erhöhten Aufwands zeigt sich bei der Betrachtung der nachfolgenden Handlung. Zum einen verbessert sich durch eine geplante Vorgehensweise die individuelle Leistung. Daneben aber - und das ist die wichtigste Aussage der von BATTMANN durchgeführten Untersuchung - kann Planung dazu führen, daß eine vorher geplante Handlung eine verringerte Beanspruchung der handelnden Person *während* der Handlung zur Folge hat. Individuelle Planung wirkt demnach nicht nur auf die jeweilige Handlung bzw. auf das jeweilige Handlungsergebnis, sondern Planung wirkt auch personenseitig indem sich die individuelle Beanspruchung der handelnden Person vermindern kann.

Neben dem Nachweis der eben besprochenen, beanspruchungsmindernden Folgen von geplant ausgeführten Handlungen, gibt es Untersuchungen, aus denen man auf eine weitere personenseitige Wirkung von Planungen schließen kann: Das Entwerfen von Plänen vor und während der Abarbeitung von Handlungen scheint der planenden Person eine emotionale Entlastung zu bringen.

So konnte beispielsweise KRASSEK (1989) bei der Untersuchung von Psychotherapiepatienten zeigen, daß Personen die im allgemeinen sehr stark dazu tendieren, ihre Handlungen zu planen, sich als "hoffnungsstark" (i.S. KRAMPEN's 1979) einschätzten. Personen die dagegen normalerweise nicht oder nur sehr wenig ihre zukünftigen Handlungen planen, waren eher durch einen hohen Grad an "Hoffnungslosigkeit" gekennzeichnet. Hinweise auf Zusammenhänge zwischen individuellem Planungsverhalten und emotionalen Befindlichkeiten finden sich auch bei HACKER & LOEBMANN (1990). Diese Autoren fanden in einer Untersuchung an einer relativ kleinen Stichprobe (n=21), daß Personen mit einer hohen Planungsneigung (HOP des HAKEMP) wenig emotionale Unsicherheit über das eigene Vorgehen zeigten. Personen die dagegen ein relativ geringes Planungs- und Kontrollbedürfnis hatten, waren durch eine hohe Unsicherheit bei der Beurteilung der Richtigkeit ihres Handelns gekennzeichnet. Desweiteren fanden HACKER & LOEBMANN signifikante Zusammenhänge zwischen einer habituell verfestigten hohen Planungsneigung und dem Fehlen neurotischer Tendenzen. Weitere Hinweise auf Zusammenhänge zwischen Planung und emotionalen Befindlichkeiten finden sich bei OERTER (1971), BRANDTSTÄDTER & RENNER (1988), STÄUDEL (1987), ROTH (1989) sowie DÖRNER (1993).

Über die Ursachen dieser durch Planung hervorgerufenen emotionalen Entlastung kann aufgrund des Fehlens differenzierterer Untersuchungen nur spekuliert werden. Eine mögliche Interpretation könnte so lauten: Verfügt eine Person über einen Handlungsplan für eine zu bearbeitende Aufgabe, so schätzt sie offenbar subjektiv ein, mit Hilfe dieses Handlungsplans die zu bearbeitende Aufgabe durch eigene Anstrengung (i.S. von Kontrollkompotenz) möglichst optimal abarbeiten zu können, was wiederum emotionale Entlastung nach sich zieht. Umgekehrt verhält es sich bei den Personen die nur sehr wenig planen: Da diese Personen zu Beginn einer Handlung zumeist noch über keinen Handlungsplan verfügen, wissen sie auch nicht, ob und in welcher Qualität sie die zu bearbeitende Aufgabe bewältigen können, was wiederum Ungewissheit bzw. Unsicherheit und eine damit verbundene emotionale Belastung zur Folge hat.

3.3. Zusammenfassung

Für eine große Anzahl unterschiedlicher Tätigkeiten konnte gezeigt werden, daß individuelle Planungen die Qualität der nachfolgenden Handlung bzw. der Handlungsergebnisse nachweisbar in positiver Art und Weise beeinflussen: Planung kann leistungssteigernd wirken. Ein Anliegen zukünftiger Forschung muß darin bestehen, genauer als bisher zu klären, bei welcher Art von Tätigkeiten diese Leistungssteigerungen zu erwarten sind, und bei welchen Tätigkeiten individuelle Planungen keine spürbare Wirkungen hervorrufen. Ein mögliches Vorgehen zur Klärung dieser Frage könnte darin bestehen, unter Zuhilfenahme bereits vorhandener Tätigkeitsbewertungsverfahren (*"TBS"* von HACKER, IWANOWA & RICHTER 1983; *"VERA"* von ÖSTERREICH & VOLPERT 1991) unterschiedliche Tätigkeiten zu kategorisieren, um dann durch experimentelle Versuchsansätze die Wirkung von Planungen auf diese Tätigkeiten zu untersuchen.

Neben den eben erwähnten Leistungverbesserungen können individuelle Planungen dazu führen, daß der (beispielsweise durch psychophysiologische Verfahren meßbare) Verhaltensaufwand in entscheidender Weise gesenkt werden kann. Planung kann somit als eine echte "Zukunftsinvestition" verstanden werden: Der erhöhte Informationsverarbeitungsaufwand vor der Handlung bewirkt eine zunehmende Verringerung des Informationsverarbeitungsaufwandes während der Handlung, was sich insgesamt in einer nachweisbaren Beanspruchungsminderung bei der Abarbeitung von Handlungen bemerkbar machen kann. Auch hier muß in zukünftigen Untersuchungen geklärt werden, wann Planungen einen beanspruchungsverringernden (und eventuell emotional entlastenden) Effekt haben bzw. wann diese personenseitigen Wirkungen von individuellen Planungen nicht nachweisbar sind. Erste Ansätze zur Klärung dieser Frage stammen von BATTMANN (1984, 1989) aber auch von KLAUER (1992).

4. Auf welche Art und Weise können Pläne entworfen werden? - Vorgehensweisen zur Planentwicklung

Nachdem nun geklärt worden ist, worin der Nutzen individueller Planungen besteht, soll jetzt der Frage nachgegangen werden, wie der Prozeß der Planentwicklung abläuft. Dazu ist es zunächst notwendig, darüber Klarheit zu erlangen, welche Voraussetzungen erfüllt sein müssen, damit Pläne erstellt werden können.

4.1. Planungsvoraussetzungen

Aus der im Kapitel 2 entwickelten Definition des Begriffs Planung, ergeben sich in erster Linie drei notwendige Voraussetzungen, die gegeben sein müssen, damit ein individueller Handlungsplan entworfen werden kann. *Erstens* muß eine interne Repräsentation der zu planenden Handlung entwickelt werden, die die Basis für den Entwurf der zukünftigen Handlung bildet. Verfügt der Planende über diese interne Repräsentation, so sollte *zweitens* ein möglichst eindeutig festgelegtes Ziel vorhanden sein, daß durch den jeweiligen Handlungsplan verwirklicht werden soll. Schließlich muß *drittens* der Planende eine positive Entscheidung darüber treffen, das jeweilig ausgewählte Handlungsziel durch eine **geplante** Vorgehensweise zu erreichen und nicht beispielsweise durch einfaches Probierverhalten.

4.1.1. Planungsvoraussetzung 1: Der Aufbau einer internen Repräsentation

Wie bereits im Kapitel 2 der vorliegenden Arbeit ausgeführt wurde, herrscht innerhalb der psychologischen Forschungsliteratur weitestgehend Übereinstimmung über die Tatsache, daß zur Entwicklung eines Planes zunächst eine interne Repräsentation der zu beeinflussenden Situation aufgebaut werden muß, die die Grundlage für den Entwurf eines individuellen Handlungsplanes darstellt.

Dabei kann davon ausgegangen werden, daß die Qualität dieser internen Repräsentation von Einflußvariablen zweierlei Art abhängt. Zum einen wird der Aufbau dieser internen Repräsentation von der Fähigkeit des Menschen beeinflußt, die ihn umgebende äußere Umwelt adäquat abzubilden (subjektive Faktoren). Die Untersuchung und wissenschaftliche Modellierung dieser spezifischen Fähigkeit ist Forschungsgegenstand der unterschiedlichsten, vornehmlich wahrnehmungspsychologisch bzw. kognitionspsychologisch orientierter Theorien. Da die Darstellung dieser Ansätze den Rahmen dieser Arbeit sprengen würde, soll hier darauf verzichtet werden und lediglich auf die zu diesem Thema vorhandene Forschungsliteratur verwiesen werden (z. B. GIBSON 1982, JOHNSON-LAIRD 1983, ANDERSON 1983).

Neben dieser Fähigkeit zur adäquaten Abbildung der Umwelt entscheidet aber auch die Spezifik der abzubildenden Situation darüber, inwieweit es dem Menschen gelingt, eine möglichst optimale interne Repräsentation aufzubauen (objektive Faktoren). Die Charakteristik der jeweilig abzubildenden Situation läßt sich wiederum durch das Vorhandensein und die Ausprägung verschiedener Variablen bestimmen. Diese Variablen werden innerhalb der Psychologie beispielsweise mit den Begriffen "Komplexität", "Eigendynamik" und "Transparenz vs. Intransparenz" (DÖRNER, KREUZIG, REITHER & STÄUDEL 1983) näher gekennzeichnet.

Nach DÖRNER et al. (1983) ist der Begriff Komplexität ein Maß für die Existenz verschiedener, voneinander unabhängiger Situationsmerkmale. Bei dem Vorhandensein einer großen Anzahl voneinander unabhängiger Merkmale, ist eine Situation durch eine hohe Komplexität gekennzeichnet. Wenn die Anzahl der Situationsmerkmale dagegen nur sehr klein ist, so hat die jeweilige Situation eine geringe Komplexität. Die Komplexität einer Situation wird aber nicht nur von der Anzahl der Situationsmerkmale beeinflußt, sondern darüber hinaus von dem Grad der Vernetztheit dieser Merkmale. Von vernetzten Situationsmerkmalen wird dann gesprochen, wenn die Beeinflussung eines Merkmales gleichzeitig andere Merkmale ein und derselben Situation mit beeinflußt. Das Ausmaß der Komplexität einer Situation ergibt sich demnach aus der Anzahl der vorhandenen Merkmale sowie aus dem Grad der Vernetztheit dieser Merkmale.

Eine weitere, situationskennzeichnende Variable wird mit den Begriffen "Transparenz vs. Intransparenz" umschrieben (vgl. hierzu auch die von HACKER (1973, 1986) verwendeten Begriffe "Vorhersehbarkeit", "Durchschaubarkeit" sowie "Beeinflussbarkeit"). Mit diesen Begriffen wird angegeben, inwieweit es einem Menschen möglich ist, die jeweils vorhandenen Merkmale einer Situation sowie deren gegenseitige Abhängigkeiten (Vernetztheit) einzusehen. Intransparente Situationen finden sich beispielsweise in hochtechnisierten Kraftwerksanlagen, bei denen der Mensch nur über Anzeigen, Meßgeräte oder Computerbildschirme einen Zugang zu den abzubildenden Situationsmerkmalen hat (z.B. BERGMANN & WERNER 1990).

Eine dritte, die Spezifik einer abzubildenden Situation beeinflussende Variable wird von DÖRNER et al. (1983) mit dem Begriff "Eigendynamik" umrissen. Eigendynamik liegt dann vor, wenn sich einzelne Merkmale einer Situation auch ohne äußeres Zutun des Menschen, allein durch das Voranschreiten der Zeit ändern. Müssen diese eigendynamischen Entwicklungsverläufe intern abgebildet werden, so kommt, neben der Schwierigkeit diese Zeitverläufe richtig einzuschätzen zumeist erschwerend hinzu, daß diese eigendynamischen Entwicklungsverläufe oftmals nicht linear, sondern beispielsweise exponentiell verlaufen (vgl. dazu experimentelle Befunde von WAGENAAR & SAGARIA 1975 sowie REICHERT & DÖRNER 1989).

Die eben genannten Variablen der abzubildenden Situation, beeinflussen aber nicht nur den Aufbau einer internen Repräsentation. Darüber hinaus wird auch die *Planbarkeit einer Situation* in entscheidendem Maße von dem Vorhandensein und der Ausprägung der eben genannten Variablen mitbestimmt. So konnte in verschiedenen Untersuchungen (GÖRNER 1968, SKELL 1972) gezeigt werden, daß bei transparenten, nichteigendynamischen und wenig komplexen Arbeitsaufgaben der Entwurf eines Handlungsplans relativ leicht fällt.

Wenn die zu planende Situation dagegen durch ein hohes Maß an Komplexität, Intransparenz sowie Eigendynamik gekennzeichnet ist, verschlechtert sich die Planbarkeit einer Situation sehr stark (vgl. dazu DÖRNER et al. 1983). Dies resultiert aus der Tatsache, daß der Planende keinen lückenlosen Einblick in die zu bearbeitende Aufgabe hat (Intransparenz). Zudem weiß er nicht, ob einzelne Merkmale sich auch ohne äußeres Zutun aufgrund von Eigendynamik ändern. Selbst wenn es der jeweiligen Person gelingt, einen Überblick über die zu planende Situation zu erlangen, kann es aufgrund von hoher Komplexität dazu kommen, daß die individuelle Verarbeitungskapazität überlastet wird, was ebenfalls dazu führen kann, daß kein anwendbarer Handlungsplan erstellt werden kann.

Zusammenfassend läßt sich damit zunächst folgendes feststellen: Um zu einem anwendbaren Handlungsplan zu gelangen, ist es für den Planenden zunächst notwendig, eine möglichst realitätsnahe interne Repräsentation aufzubauen. Die Qualität dieser internen Repräsentation und damit die Planbarkeit einer zukünftigen Handlung wird in entscheidendem Maße von der zu planenden Situation beeinflußt.

4.1.2. Planungsvoraussetzung 2: Ein konkretes (Handlungs-) Ziel

Wie bereits mehrfach erwähnt, reicht das alleinige Vorhandensein einer internen Repräsentation von den spezifischen Eigenschaften und Besonderheiten der zu beeinflussenden Situation nicht aus, um zu einem anwendbaren Handlungsplan zu gelangen. Notwendig ist zusätzlich ein inneres Abbild der zukünftigen, noch zu schaffenden Realität. Mit anderen Worten: Eine weitere Planungsvoraussetzung besteht darin, mindestens ein Handlungsziel festzulegen, in der einzelne Parameter des zu erreichenden Handlungsergebnisses so genau wie möglich festgelegt sind.

Dabei kann die individuelle Festlegung eines Handlungsziels auf verschiedene Art und Weise erfolgen.

Zielübernahme

Im einfachsten Fall wird dem Menschen ein konkretes Ziel von außen vorgegeben, welches die wichtigsten Ergebniseigenschaften der zu schaffenden Realität enthält. Situationen, in denen bereits zum Handlungsbeginn ein genau festgelegtes Ziel existiert sind nicht selten, man denke dabei an verschiedene Arbeitstätigkeiten. So wird beispielsweise bei einer Arbeitsaufgabe, die darin besteht ein Werkstück zu fertigen, dem Arbeitenden zumeist eine Skizze vorgegeben, in der alle Parameter des Handlungsziels "Werkstück" angegeben sind. Der Arbeitende muß in diesem Fall das in der Skizze definierte Handlungsziel als sein eigenes, individuelles Ziel übernehmen (siehe dazu HACKER 1986, S.125 ff.) und kann dann mit der Planung der Bearbeitungsmöglichkeiten beginnen.

Zielkonkretisierung

Nicht ganz so einfach verhält es sich bei von außen festgelegten Zielen, die nur sehr allgemein formuliert sind (z.B. "eine technische Anlage *so wirtschaftlich wie möglich* fahren"). Ziele solcher Art - zumeist auch als offene Ziele bezeichnet - eignen sich für die Handlungsplanung nur sehr wenig. In diesem Fall würde die Notwendigkeit bestehen, die vorhandenen offenen Ziele in möglichst konkrete Ziele umzuwandeln, für die dann wiederum konkrete Handlungspläne erarbeitet werden können (in dem oben gegebenen Beispiel könnten die konkretisierten Ziele beispielsweise so aussehen: Benzinverbrauch: 100 Liter, Stromverbrauch: 50 Kilowattstunden, mit dieser Energie 10 Werkstücke erzeugen u.s.w.).

Zielbalancierung

Noch schwieriger ist die Festlegung eines konkreten Handlungszieles, wenn dem Handelnden "widersprüchliche" (LEWIN 1926, WILENSKY 1981) bzw. "kontradiktorische" (DÖRNER et al. 1983) Ziele vorgegeben werden. Von solchen Zielverhältnissen wird dann gesprochen, wenn die Verwirklichung eines Ziels die Realisierung eines anderen Ziels ein und derselben Situation erschwert oder sogar ausschließt (z.B. "hohe Stromerzeugung eines Kohlekraftwerkes - geringe Umweltverschmutzung). In diesem Fall müßte die von DÖRNER et al. (1983) beschriebene Methode der Zielbalancierung zur Anwendung kommen, deren Grundgedanke darin besteht, ein ausgewogenes Verhältnis zwischen zwei widersprüchlichen Zielen im Sinne eines Kompromisses zu finden.

Unabhängig davon, ob es sich um konkrete, offene oder kontradiktorische Ziele handelt, besteht die Gemeinsamkeit bei der Darstellung der eben besprochenen Zielarten darin, daß diese von außen vorgegeben werden. Nun gibt es aber auch Situationen, in denen zunächst keine Ziele erkennbar sind und die Aufgabe des Menschen darin besteht, selbständig individuelle Handlungsziele zu finden und festzulegen. Dabei würde es nicht darum gehen, Ziele von außen zu übernehmen um diese dann anschließend für die Handlungsplanung zu konkretisieren, sondern es macht sich eine etwas andere Form der Informationsverarbeitung notwendig: Die selbständige individuelle Zielbildung.

Einem Vorschlag von SCHOLNICK & FRIEDMANN (1987) folgend, könnte man den Ablauf dieses individuellen Zielbildungsprozesses in vier unterschiedliche Phasen einteilen. Die erste Phase des Zielbildungsprozesses würde dann darin bestehen, sich eine möglichst große Anzahl überhaupt vorhandener und realisierbarer Ziele zu vergegenwärtigen. Dabei kann es sein, daß sich diese Ziele aus einer rein assoziativen Verknüpfung mit den Bedingungen der Situation ergeben (z.B. ANDERSON 1983). Es ist aber gleichfalls möglich, daß erst durch einen aufwendigen Informationssuch- und -verarbeitungsprozeß die vorhandenen Ziele herausgearbeitet werden müssen, wie das zum Beispiel innerhalb der psychologischen Forschung zum produktiven Denken (DUNCKER 1935) bzw. innerhalb der Forschung zum kreativen Problemlösen (OERTER 1971) genauer untersucht wurde. Ist die Phase der Zielentdeckung abgeschlossen und ergeben sich aus dieser Zielentdeckungsphase mehrere Ziele, so müssen die herausgearbeiteten Ziele zunächst extern oder intern gespeichert werden. Der Sinn dieser zweiten Zielbildungsphase besteht darin, die Möglichkeit zu schaffen, die vorhandenen Ziele hinsichtlich verschiedener, noch näher darzustellender Kriterien zu bewerten (dritte Phase der Zielbildung). Ist die Phase der Zielbewertung abgeschlossen, kann schließlich die vierte und letzte Phase der Zielbildung in Gang gesetzt werden, deren Inhalt darin besteht, im Ergebnis des Zielbewertungsprozesses ein oder mehrere Ziel(e) auszuwählen.

Betrachtet man die psychologische Forschungsliteratur die die Untersuchung dieses Zielbildungsprozesses im Zusammenhang mit Planungsvorgängen zum Inhalt hat, so fällt auf, daß besonders die letzten beiden Phasen der Zielbildung (Zielbewertung und Zielauswahl) Gegenstand vorwiegend motivations- und entscheidungstheoretisch orientierter Arbeiten sind.

So werden laut ANDERSON (1983) die Phasen der Zielbewertung und der Zielauswahl unter Zuhilfenahme der Kriterien "Neuheit" (recency), "situationale Geeignetheit" (situational fit) sowie "früherer Erfolg" (past success) gesteuert. SCHANK & ABELSSON (1977) hingegen gehen davon aus, daß die Kriterien "Nützlichkeit" (avaibility), "Durchführbarkeit" (feasibility), "Kosten" (cost) und "Anstrengung" (effort) darüber entscheiden, welche Ziele ausgewählt werden. Andere Autoren (z.B. WILENSKY 1981) wiederum vertreten die Meinung, daß nur solche Ziele ausgewählt werden, die den größten individuell eingeschätzten Wert besitzen und dabei die geringsten Kosten verursachen. Schließlich sei noch die handlungstheoretisch orientierte Auffassung von ÖSTERREICH (1981) genannt, in der die Ansicht vertreten wird, daß besonders die sogenannten "effizient-divergenten Zielkonsequenzen" für die Handlungsplanung bevorzugt werden. Dabei versteht ÖSTERREICH unter dem Begriff "Effizienz-Divergenz" eine zwischen 0 und 1 variierende Größe "...die angibt, ..., in welchem Maße eine Konsequenz es dem Handelnden erlaubt, zwischen möglichst unterschiedlichen Richtungen der effizienten Fortführung seines Handelns entscheiden zu können" (1981, S. 99).

Umfassende Darstellungen der großen Anzahl existierender Arbeiten zum individuellen Zielbildungsprozeß finden sich in HACKER, VOLPERT & Von CRANACH (1983), MATTHÄUS (1988, S. 613 ff.), HECKHAUSEN, GOLLWITZER & WEINERT (1987) sowie Von der WETH (1989).

Faßt man das bisher Gesagte zusammen, kann nun folgendes festgestellt werden: Eine zweite Voraussetzung zur Handlungsplanung ist das Vorhandensein eines möglichst konkreten Zieles, für das dann ein konkreter Handlungsplan entworfen werden kann. Dabei können Ziele von außen vorgegeben sein, es ist aber gleichfalls möglich, daß Handlungsziele erst in einem eigenständigen Informationsverarbeitungsprozeß selbständig gebildet werden.

An dieser Stelle sei bereits erwähnt, daß Ziele nicht nur eine Voraussetzung für die Handlungsplanung sind (i.S. eines Endziels), sondern daß die Erarbeitung von (Teil-) Zielen bzw. (Teil-) Zielhierarchien eine Strukturierungsmöglichkeit zukünftiger Handlungen darstellen kann, die die Grundlage für verschiedene Formen der Handlungsplanung ist, die nachfolgend (Kapitel 4.2.) noch eingehender besprochen werden.

4.1.3. Planungsvoraussetzung 3: Entscheidung für eine geplante Vorgehensweise

Verfügt der Mensch über eine interne Repräsentation einer zu beeinflussenden Situation sowie über ein hinreichend konkretes Handlungsziel, so sind zwei notwendige Planungsvoraussetzungen erfüllt. Die Bedeutsamkeit einer weiteren, dritten Planungsvoraussetzung wird deutlich, wenn man sich vergegenwärtigt, daß eine Person, wenn sie über ein Handlungsziel verfügt, *sofort* mit der Handlung beginnen kann, *ohne* daß sie vorher einen Plan entwickelt hat. Daraus folgt, daß die dritte Planungsvoraussetzung darin besteht, eine positive Entscheidung darüber zu treffen, ein einmal ausgewähltes Handlungsziel durch eine *geplante* Vorgehensweise zu erreichen.

Man kann davon ausgehen, daß diese Entscheidung von verschiedenen Faktoren beeinflußt wird. Diese Faktoren ergeben sich zum einen aus der subjektiven Beurteilung der jeweilig zu beeinflussenden Situation. Dazu können Einschätzungen der Planbarkeit einer Situation zählen, sowie Kalkulationen des Planungsaufwandes im Verhältnis zum erwarteten Nutzen (siehe die vorangegangen Kapitel).

Neben diesen eher situationalen Faktoren wird die Entscheidung über eine geplante Vorgehensweise offenbar aber auch von habituell verfestigten Persönlichkeitsmerkmalen beeinflußt (SCHOLNICK & FRIEDMANN 1987).

Mit der Untersuchung solcher Persönlichkeitsmerkmale befaßt sich eine Studie von FRESE, STUART & HANNOVER (1987). Dazu wurde ein insgesamt 19 Items umfassender Fragebogen entwickelt, der an einer studentischen Stichprobe (n=76) erprobt wurde. Die gewonnenen Daten wurden faktorenanalytisch ausgewertet.

FRESE et al. (1987) fanden drei voneinander abgrenzbare Faktoren, die von den Autoren mit den Begriffen "Geplantheit", "Zielorientierung" sowie "Soziale Orientierung" bezeichnet wurden. Diese Begriffe stehen laut FRESE et al. für verschiedene individuelle Handlungsstile, wobei in erster Linie der Handlungsstil "Geplantheit" die Entscheidung über eine geplante Vorgehensweise beeinflußt. Dabei ist nach Meinung der Autoren eine "planorientierte" Person dadurch gekennzeichnet, daß sie einmal begangene Fehler genau analysiert, um bei späteren Handlungsplanungen diese Fehler nicht zu wiederholen. Desweiteren plant eine "planorientierte" Person sehr lange und sehr differenziert und tendiert zudem zu einer weiten Vorausplanung. Von FRESE et al. wurden mehrere Validitätsstudien (Selbstrating, Fremdrating, Lautes-Denken Protokolle) durchgeführt (n=381), in deren Ergebnis Hinweise für das Vorhandensein der oben genannten Handlungsstile gefunden werden konnten.

Ausgehend von diesen Ergebnissen wurde von HACKER & HINTON (1990) eine Untersuchung durchgeführt (veröffentlicht in HACKER, HINTON, HEISIG, TESKE & WIESNER 1992), in der sich diese Autoren noch stärker als FRESE et al. (1987) auf die Erfassung der individuellen Tendenz zur mehr oder wenig stark ausgeprägten, planenden Handlungsvorbereitung konzentrierten.

In dieser Untersuchung wurde auf der Grundlage eines von KRASSEK (1989) entwickelten Fragebogens (näheres dazu siehe Kapitel 8.2.3. der vorliegenden Arbeit) 107 deutschsprachige sowie 78 englischsprachige Studenten nach ihrem individuellen Planungsverhalten befragt. Die faktorenanalytische Auswertung der eingesetzten Fragebögen erbrachte eine weitestgehende Übereinstimmung zwischen der deutsch- und englischsprachigen Stichprobe. Es fand sich ein Hauptfaktor (von den Autoren als "Detailliertheit der Handlungsvorbereitung" bezeichnet) sowie vier, jeweils gesondert interpretierbare Subfaktoren (Neigung zur differenzierten Handlungsvorbereitung, Vorbereitungsdauer, Planungsgründlichkeit, Ungewißheitstoleranz beim Planen). Aus diesen Ergebnissen wurde geschlußfolgert, daß es individuelle Unterschiede hinsichtlich der Art der Handlungsvorbereitung gibt: Personen lassen sich fragebogengestützt hinsichtlich ihrer "Planungsneigung" unterscheiden, wobei eine Person die durch eine hohe Planungsneigung gekennzeichnet ist, sehr lange über verschiedene Vorgehensweisen nachdenkt, den Aufwand eigener Planung abschätzt sowie die längerfristigen Folgen ihres Handelns sehr genau zu analysieren versucht.

Man kann also zunächst folgendes zusammenfassen: Es ist möglich, Personen hinsichtlich ihrer Tendenz zu einer mehr oder weniger stark ausgeprägten Handlungsvorbereitung (Planungsneigung) zu unterscheiden. Demzufolge kann man vermuten, daß diese individuelle Planungsneigung auch die Entscheidung darüber beeinflussen wird, ob ein Handlungsziel durch eine geplante Vorgehensweise erreicht werden soll oder ob sofort mit dem Handeln begonnen wird. (Bereits hier sei darauf hingewiesen, daß die Überprüfung dieser Vermutung Inhalt eigener, noch darzustellender experimenteller Untersuchungen ist; ab Kapitel 9.)

4.2. Formen der Handlungsplanung

Nachdem nun dargelegt worden ist, welche Voraussetzungen erfüllt sein müssen um individuelle Planungen zu ermöglichen, soll nun der Frage nachgegangen werden, welche Vorgehensweisen zur Entwicklung von individuellen Handlungsplänen genutzt werden können.

4.2.1. "Lineare" Handlungsplanung

Die naheliegendste Möglichkeit einen Plan zu entwickeln besteht darin, einzelne Handlungsschritte gedanklich solange linear aneinanderzureihen, bis schließlich ein vollständig ausgearbeiteter Handlungsplan vorliegt.

Verschiedene Studien, die die experimentelle Untersuchung dieser Vorgehensweise zum Inhalt hatten, haben gezeigt, daß diese Aneinanderreihung von einzelnen Handlungsschritten von zwei Startpunkten ausgehend durchgeführt werden kann. Zum einen ist es möglich, am Ausgangspunkt der Handlung zu beginnen, um dann fortschreitend sich immer mehr dem antizipierten Handlungsziel zu nähern. Diese Vorgehensweise kann als vorwärtsgerichtete Handlungsplanung bezeichnet werden (im englischsprachigem Raum zumeist mit den Begriffen "planning forward", "forward search" oder "forward working" umrissen).

Neben dieser vorwärtsgerichteten Handlungsplanung ist es aber auch möglich, sich zunächst den zu erreichenden Zielzustand zu vergegenwärtigen, und von dort aus beginnend, die Aneinanderreihung von einzelnen Handlungsschritten in Richtung Ausgangszustand vorzunehmen. In diesem Fall kann von rückwärtsgerichteter Handlungsplanung gesprochen werden ("planning backward").

Welche dieser beiden Formen der Handlungsplanung die effektiverer Vorgehensweise ist, läßt sich nicht genau klären.

So gibt es Befunde, die dafür sprechen daß die vorwärtsgerichtete Handlungsplanung die optimale Vorgehensweise ist. Diese Befunde stammen vorwiegend aus Untersuchungen der Problemlösepsychologie. In diesen Untersuchungen wurde die Vorgehensweise von Experten und Novizen beispielsweise bei der Lösung von physikalischen Problemen (LARKIN et al. 1980), von sprachlichen Problemen (SMITH & GOOD 1984) oder von Problemen aus dem medizinischen Bereich (PATEL & GROEN 1986) näher betrachtet. Übereinstimmend konnte dabei festgestellt werden, daß die Experten dazu tendierten, die vorwärtsgerichtete Handlungsplanung anzuwenden, wohingegen die Novizen eher auf die rückwärtsgerichtete Handlungsplanung zurückgriffen.

Ähnlichen Ergebnisse fanden auch SWELLER, MAWER & WARD (1983), die bei Untersuchungen zum Fertigkeitserwerb ("skill acquisition") verschiedene Versuchspersonen mit Problemen aus der Bewegungslehre konfrontierten. Diese Autoren konnten zeigen, daß die ersten Aufgaben, die die Versuchspersonen zu lösen hatten (insgesamt waren 77 Aufgaben zu lösen), eher unter Zuhilfenahme der rückwärtsgerichteten Handlungsplanung bearbeitet wurden. Mit dem Fortschreiten der Untersuchung änderte sich dieses Verhältnis: Je mehr Probleme bearbeitet wurden, um so häufiger wurde die vorwärtsgerichtete Handlungsplanung angewendet, was ebenfalls darauf hindeutet, daß eine vorwärtsgerichtete Vorgehensweise für den Entwurf von individuellen Handlungsplänen optimal ist.

Neben diesen eben dargelegten Untersuchungsergebnissen, die eher eine hohe Effektivität der vorwärtsgerichteten Handlungsplanung nahelegen, gibt es aber auch experimentelle Befunde, die darauf hindeuten, daß eine rückwärtsgerichtete Handlungsplanung optimale Ergebnisse erbringen kann. So konnten JEFFRIES, TUNER, POLSON & ATWOOD (1981) zeigen, daß besonders lei stungsstarke Computersoftware- Programmierer dazu tendieren, die Erarbeitung von Computerprogrammen vom Zielzustand ausgehend in Richtung Ausgangszustand zu planen. Auch bei von KLIX & SYDOW (1966) durchgeführten Untersuchungen, in denen Versuchspersonen die Aufgabe hatten, das Turm-von-Hanoi Problem zu lösen, konnte beobachtet werden, daß die leistungsstarken Problemlöser eher eine rückwärtsgerichtete Handlungsplanung bevorzugten.

KOEDINGER & ANDERSON (1990) vermuten, daß die Ursachen für diese gegensätzlichen Untersuchungsbefunde in der Art der zu lösenden Aufgabe begründet liegen. Bei Aufgaben, in denen besonders viele Informationen zu berücksichtigen sind, wird eher eine vorwärtsgerichtete Handlungsplanung angewendet, um die aus dem hohen Informationsangebot entstehende starke Arbeitsgedächtnisbelastung zu reduzieren. Diese Vermutung wird mit dem Tatbestand begründet, daß die vorwärtsgerichtete Handlungsplanung das Arbeitsgedächtnis geringer belastet als die rückwärtsgerichtete Handlungsplanung (siehe hierzu auch Kapitel 6 der vorliegenden Arbeit). Bei Problemen, in denen dagegen nur wenig Informationen zu berücksichtigen sind, die dafür aber sehr intensiv bearbeitet werden müssen, wird laut KOEDINGER & ANDERSON (1990) eher eine rückwärtsgerichtete Vorgehensweise zur Planerstellung angewendet, da hier das Arbeitsgedächtnis durch Speicheranforderungen wesentlich geringer belastet ist.

Unabhängig davon, ob nun vorwärts- oder rückwärtsgerichtet geplant wird, kann man aus dem eben Gesagten schlußfolgern, daß die schrittweise durchgeführte, lineare Aneinanderreihung von einzelnen, antizipierten Teilhandlungen, ein die individuelle Verarbeitungskapazität sehr stark beanspruchender Prozeß ist. Demzufolge muß es Informationsverarbeitungstechniken geben, die die begrenzte menschliche Verarbeitungskapazität entlasten und dabei trotzdem eine lineare Handlungsplanung ermöglichen.

Zu diesen die individuelle Verarbeitungskapazität entlastenden Informationsverarbeitungstechniken gehört das sogenannte "chunking".

Mit diesem, ursprünglich aus der Gedächtnispsychologie stammenden Begriff wird die Fähigkeit des Menschen bezeichnet, aus mehreren Einzelinformationen größere Einheiten bzw. "chunks" zu bilden, um damit die begrenzte Speicherkapazität des Kurzzeitgedächtnisses zu entlasten. So konnten beispielsweise ERICSSON et al. (1980) zeigen, daß ein durchschnittlich begabter Student nach eineinhalbjährigen Training dieser "chunking" - Strategie in der Lage war, sich mehr als 80 unterschiedliche Zahlen zu merken, die ihm in Sekundenabständen dargeboten wurden. Diese "chunking" - Strategie ist aber nicht nur ein rein gedächtnispsychologisches Phänomen, sondern "chunking" - Prozesse wurden auch innerhalb der Wahrnehmungspsychologie näher untersucht. So fanden CHASE & SIMON (1973) bei der Untersuchung von unterschiedlich starken Schachspielern, daß bei der Wahrnehmung verschiedener Schachfigurenkonstellationen die leistungsstarken Schachspieler diese "chunking" - Strategie zur Anwendung brachten: Diese Spieler erfaßten - im Gegensatz zu den leistungsschwachen Schachspielern - nicht jedes Feld oder jede Figur einzeln, sondern sie tendierten dazu, ganze Gruppen von Schachfiguren als relativ geschlossene Gebilde wahrzunehmen.

Es kann davon ausgegangen werden, daß diese "chunking" - Strategie auch bei der linearen Handlungsplanung angewendet wird. "Chunking" bei der Planerstellung würde demnach bedeuten, daß mehrere Einzelschritte zu einem Gesamtschritt zusammengefaßt werden. Hinweise für die Richtigkeit dieses Gedankengangs kommen aus Untersuchungen der Problemlösepsychologie (LARKIN 1980, ANDERSON 1983, KOTOVSKY, HAYES & SIMON 1985, KORF 1987), in deren Ergebnis weitestgehend übereinstimmend festgestellt werden konnte, daß "...expert problem solvers have been characterized by the fact that they often collapse multiple problem-solving steps into a single step" (KOEDINGER & ANDERSON 1990, S. 516).

So wurden beispielsweise von LARKIN (1980) erfahrene Physiker (Experten) und Physikstudenten (Novizen) bei der Lösung von Aufgaben aus der Mechanik untersucht. Gemessen wurden die Zeitabstände zwischen zwei aufeinanderfolgenden Gleichungen, die während der Aufgabenbearbeitung notiert wurden sowie die Anzahl der in einem Zeitabschnitt niedergeschriebenen Gleichungen. Bei den Novizen wurden viele und vergleichsweise langandauernde Zeitintervalle registriert, bei den Experten waren die Zeitintervalle dagegen nur sehr kurz; zudem wurden zumeist eine große Anzahl von Gleichungen niedergeschrieben, so daß insgesamt eine geringere Anzahl von Zeitintervallen registriert werden konnte. LARKIN schlußfolgerte aus diesen Befunden, daß die Studenten die einzelnen, zur Lösung notwendigen Gleichungen erst mühsam zusammenfügen mußten, die Experten besitzen dagegen Informationsstrukturen, in denen verschiedene Einzelgleichungen hinsichtlich eines bestimmten physikalischen Prinzips geordnet und dementsprechend gespeichert sind, so daß bei der Lösung der Aufgabe diese Gleichungs"chunks" verwendet werden können.

In engem Zusammenhang mit dieser eben beschriebenen "chunkingorientierten" Handlungsplanung steht eine weitere Form der "linearen" Handlungsplanung die von KOEDINGER & ANDERSON (1990) näher untersucht wurde. Ausgehend von verschiedenen experimentellen Befunden (NEWELL & SIMON 1972, SACERDOTI 1974) beschreiben KOEDINGER & ANDERSON (1990) eine Vorgehensweise, die sie als "schrittüberspringendes" Verhalten (step skipping behaviour) bezeichnen. Damit bezeichnen diese Autoren die Tatsache, daß besonders die guten Problemlöser (Experten) bei der Planung von Aufgaben dazu tendieren, einzelne Lösungsschritte zu überspringen. Laut KOEDINGER & ANDERSON läßt sich dieses "schrittüberspringende" Planungsverhalten folgendermaßen unterteilen:

a) *Sichere Abstraktion* (safe abstraction): Bei dieser Lösungsstrategie werden nur irrelevante, zur Lösungsplanung nicht unbedingt notwendige Lösungsschritte übersprungen.
b) *Risikovolle Abstraktion* (risky abstraction): Bei dieser Strategie werden nicht nur unwichtige, sondern auch für die Lösungsplanung sehr wichtige Handlungsschritte übersprungen. "Risky abstraction is a type of abstraction where details can be ignored that are sometimes critical to arriving at a correct solution" (S. 516).

Ausgehend von dieser Gliederung wurde von KOEDINGER & ANDERSON (1990) eine Untersuchung zur Klärung der Frage durchgeführt, welche dieser beiden Arten des "schrittüberspringenden" Planungsverhaltens von Experten angewendet wird.

In dieser Untersuchung hatten insgesamt fünf Versuchspersonen (zwei Mathematikstudenten, zwei Wissenschaftler eines Forschungsprojektes für geometrische Probleme, ein Hochschuldozent für Geometrie) die Aufgabe, mehrere geometrische Beweise zu führen. Die Versuchspersonen wurden aufgefordert, ihre Denkschritte bei der Lösung des Problems zu verbalisieren, die Datengewinnung wurde zum Teil mit Videoaufnahmen unterstützt. In Zusammenhang mit dieser Untersuchung wurde von KOEDINGER & ANDERSON ein Modell entwickelt ("Diagram Configuration Model"), mit dessen Hilfe es möglich ist, vorherzusagen, welche Lösungsschritte zur Problembearbeitung unbedingt notwendig (sehr wichtige Lösungsschritte) sind, und welche Problemlösungsschritte eventuell übersprungen (weniger wichtige Lösungsschritte) werden können.

KOEDINGER & ANDERSON (1990) fanden, daß mehr als 50% der überhaupt möglichen Lösungsschritte von den Experten ausgelassen wurden. Desweiteren konnten sie feststellen, daß von den (durch das von den Autoren entwickelte DCN- Modell vorausgesagten) *sehr wichtigen* 29 Lösungsschritten, 23 Schritte tatsächlich durchgeführt wurden, und daß von den 69 *weniger wichtigen* Lösungsschritten, 55 Schritte nicht erwähnt wurden. Aus diesen Ergebnissen schlußfolgerten KOEDINGER & ANDERSON, daß Experten die oben beschriebene "schrittüberspringende" Handlungsplanung anwenden, dabei aber in erster Linie die "sichere Abstraktion" verwenden.

Aus den bisherigen Darlegungen läßt sich nun zunächst Folgendes zusammenfassen. Die antizipierende, lineare Aneinanderreihung von einzelnen Handlungsschritten kann von zwei Punkten ausgehend durchgeführt werden - entweder beim Ausgangspunkt der Handlung beginnend (vorwärtsgerichtete Planung), oder vom Zielzustand beginnend in Richtung Ausgangszustand (rückwärtsgerichtete Planung). Da diese Formen der linearen Handlungsplanung die individuelle Verarbeitungskapazität sehr stark belasten, ist es möglich, auf andere Vorgehensweisen zur Planerstellung zurückzugreifen, die die individuelle Verarbeitungskapazität entlasten, dabei aber trotzdem eine lineare Handlungsplanung ermöglichen. Zu diesen Vorgehensweisen zählen die "chunkingorientierte" und die "schrittüberspringende" Handlungsplanung.

4.2.2. Hierarchisch organisierte Handlungsplanung

Ist es aufgrund der Spezifik der zu planenden Aufgabe (z.B. sehr hohe Komplexität) nicht möglich, unter Anwendung der oben beschriebenen Vorgehensweisen zu einem anwendbaren Handlungsplan zu gelangen, so kann auf eine weitere Vorgehensweise zurückgegriffen werden, die eingangs dieses Kapitels mit dem Begriff "hierarchisch organisierte Handlungsplanung" bezeichnet wurden.

Die Idee dieser hierarchisch organisierten Handlungsplanung stammt von MILLER, GALANTER & PRIBRAM (1960, deutsch: 1973). "A plan is a hierarchical process in the organism that can control the order in which a sequence of operations is to be performed" (MILLER et al. 1960, S. 16, Hervorhebung von B.W.).

Zur näheren Beschreibung dieser, auf der Grundlage einer hierarchischen Struktur entwickelten Pläne, bedienen sich MILLER et al. des Begriff's "TOTE- Einheit" (test-operate-test-exit): Während der ersten Test- Phase (test -"T") wird der bestehende Zustand mit dem anzustrebenden Zustand verglichen. Zeigt sich im Ergebnis dieses Vergleichs eine Diskrepanz, so wird versucht, diese Diskrepanz durch eine Operation (operate- "O") zu beseitigen. Daraufhin folgt wiederum ein Test ("T"), mit dem überprüft wird, ob der bestehende Zustand mit dem angestrebten Zustand übereinstimmt. Ist das der Fall, wird die Operation beendet (exit - "E").

Diese TOTE- Einheiten sind bei komplexen Handlungen miteinander verschachtelt, wobei eine übergeordnete TOTE- Einheit aus mehreren untergeordneten TOTE- Einheiten bestehen kann, die wiederum aus der Zusammenfügung mehrerer TOTE- Einheiten bestehen können. Durch diese Über- und Unterordnungen entsteht eine, durch mehrere Ebenen gekennzeichnete hierarchische Struktur.

MILLER et al. (1960) gehen davon aus, daß diese eben beschriebene Struktur von TOTE- Einheiten bereits vor der Handlung intern aufgebaut wird, womit eine hierarchisch organisierte Handlungsplanung möglich wird. "Komplexe Pläne... können ähnlich als TOTE- Einheiten, welche aus Unterplänen bestehen, die ihrerseits selbst TOTE- Einheiten sind, beschrieben werden... Die ganze Handlung wird als Einheit durchgeführt, wird von einem einzigen Plan gesteuert und ist doch aus verschiedenen Phasen zusammengesetzt, von denen jede ihren eigenen Plan hat, der auch wieder Unterplänen bestehen mag u.s.w." (MILLER et al. 1973, S. 42).

Wesentliche Erweiterungen der von MILLER et al. aufgestellten Grundannahmen finden sich bei HACKER (1973, 1986; siehe Abbildung 2).

HACKER geht davon aus, daß die Regulation (Planung) von Tätigkeiten erfolgt, "... vermittels funktionaler Einheiten von in der Zukunft ausgreifenden, hierarchisch gestaffelten Vornahmen und zu deren Verwirklichung dienenden, entprechend organisierten Handlungs- und Aktionsprogrammen, die offenbar gleichfalls hierarchisch organisierte Rückkopplungs- (Kontroll-) prozesse einschließen" (HACKER 1986, S. 136). Diese "funktionalen Einheiten" werden bei HACKER als "Vorwegnahme- Veränderungs- Rückkopplungseinheit" (VVR- Einheit) bezeichnet. "Geleitet durch das Ziel als Vorwegnahme und Vornahme des Ergebnisses entsteht in der Tätigkeit ein Resultat, das zum Vergleich rückgekoppelt wird zu der Gedächtnisrepräsentation des Ziels" (HACKER 1986, S. 140). Ähnlich wie bei MILLER et al. (1960) wird auch bei HACKER der hierarchische Aufbau von Plänen betont. "Vornahmen und ihrer Realisierung dienende Pläne stehen in einem durch die Logik der Aufgabe bedingten **Unterordnungsverhältnis**, sie sind hierarchisch "verschachtelt". Der **Hierarchie** der Zielsetzung entspricht eine Hierarchie der Pläne..." (1986, S. 134, Hervorhebung im Original).

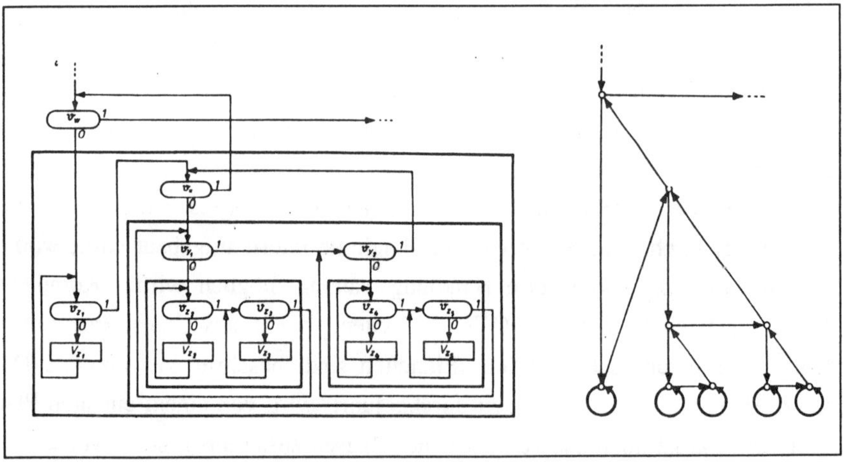

Abb. 2: Möglichkeiten der Darstellung von hierarchisch organisierten Plänen. (aus HACKER: Arbeitspsychologie 1986, S. 144 und S. 145).

Die eben kurz dargestellte hierarchisch organisierte Handlungsplanung (vgl. dazu auch Theorien von SCHANK & ABELSSON 1977, VOLPERT 1974, ÖSTERREICH 1981) hat gegenüber der bereits näher dargestellten linearen Handlungsplanung mehrere Vorteile.

Erstens wird der Planende bei der Entwicklung hierarchisch organisierter Pläne nicht dazu gezwungen, mit dem Aufbau eines Handlungsplans am Ausgangs- oder Endpunkt der zu bearbeitenden Handlung zu beginnen. Stattdessen kann er aus der Hierarchie der zu planenden Gesamthandlung beliebig eine einzelne Teilhandlung ausgliedern, um mit der Planung dieser jeweils ausgegliederten Teilhandlung zu beginnen.

Daraus ergibt sich ein zweiter Vorteil der darin besteht, daß die individuelle Verarbeitungskapazität durch die Anwendung der hierarchisch organisierten Handlungsplanung entlastet wird: Den einzelnen, jeweils ausgegliederten Teilhandlungen kann der Planende seine volle Aufmerksamkeit zuwenden, ohne daß er den Überblick über die Planung der Gesamthandlung verliert.

Ein dritter Vorteil der hierarchisch organisierten Handlungsplanung besteht darin, daß bei der Entdeckung eventuell vorhandener Planungsfehler nicht gleich der gesamte Handlungsplan geändert werden muß: Ist der Plan einer hierarchisch untergeordneten Teilhandlung fehlerhaft, muß nur dieser geändert werden, nicht aber die Pläne über- oder nebengeordneter Einheiten (vgl. dazu auch ÖSTERREICH 1981).

Trotz der eben genannten Vorteile haben verschiedene Untersuchungen (GÖRNER 1968, HACKER 1977, HAYES-ROTH & HAYES-ROTH 1979) gezeigt, daß bei der hierarchisch organisierten Handlungsplanung nicht immer *vollständig* ausgearbeitete Hierarchiegefüge entwickelt werden. Viel eher muß davon ausgegangen werden, daß als eine Form der hierarchisch organisierten Handlungsplanung eine "opportunistische" Vorgehensweise angewendet wird. Was damit gemeint ist, soll anhand einer von HAYES-ROTH & HAYES-ROTH (1979) durchgeführten Untersuchung näher erläutert werden, in der auch der Begriff der "opportunistischen" Handlungsplanung geprägt wurde.

In dieser Untersuchung hatten insgesamt fünf Versuchspersonen die Aufgabe, sechs verschiedene hypothetische Arbeitstage mit vorgegebenen "Besorgungen" bzw. zu erledigenden Aufgaben zu planen. Dabei wurde jeweils ein Lautes-Denken-Protokoll angefertigt. Den Versuchspersonen stand ein Stadtplan als Hilfsmittel zur Verfügung. In dem zu erstellenden Handlungsplan sollten die Versuchspersonen angeben, *welche* der vorgegebenen Aufgaben sie erledigen wollen, *in welcher Reihenfolge* sie diese Aufgaben abarbeiten wollen, *wann* sie beabsichtigen, die jeweiligen Aufgaben zu erledigen und *welchen Weg* sie dabei nutzen wollen.

HAYES-ROTH & HAYES-ROTH (1979) fanden, daß bei der Planung der jeweiligen Arbeitstage nicht in einer, von übergeordneten in Richtung untergeordneten Ebenen (top down), schrittweise verlaufenden Abfolge vorgegangen wurde. Stattdessen tendierten die Versuchspersonen dazu, unsystematisch, von unterschiedlichen Hierarchieebenen ausgehend, in verschiedene Richtungen zu planen. "The subject's plan develops incrementally at various points in the planning space...the subject's appears to plan opportunistically, "jumping about" in the planning space to develop promissing aspects of the plan in progress...decisions at a given point in the planning space appear to influence subsequent decisions at both later and earlier points in the temporal sequence and at both higher and lower levels of abstraction" (HAYES-ROTH & HAYES-ROTH 1979, S. 284, Hervorhebung von B.W.).

Neben dem Nachweis dieser "opportunistischen" Vorgehensweise bei der Planerstellung untersuchten HAYES-ROTH & HAYES-ROTH (1979) verschiedene Formen der Fähigkeit, zukünftige Handlungen geistig zu simulieren ("...ability to simulate execution of a plan..."). Dabei fanden sie, daß es offenbar zwei Formen dieser geistigen Simulation gibt, die beide, sich unterschiedlich abwechselnd, zur Anwendung gebracht werden. Bei diesen Formen handelte es sich um eine **ereignisbezogene Simulation** ('event-driven' simulation), bei der der Planende sich vorwiegend an den abzuarbeitenden Ergebnissen orientiert, und um eine **zeitbezogene Simulation** ('time-driven' processes), bei der der Planende zeitliche Daten zur Planentwicklung nutzt.

4.2.3. Zeitlich orientierte Formen der Handlungsplanung

Mit der zuletzt genannten Form der geistigen Simulation sprechen HAYES-ROTH & HAYES-ROTH einen Punkt an, der bei der bisherigen Darstellung der verschiedenen Vorgehensweisen zur Planerstellung noch nicht berücksichtigt wurde: Die Bedeutsamkeit zeitlicher Aspekte bei der Entwicklung individueller Handlungspläne.

"Terminbasierte" Handlungsplanung

Wie bereits im Kapitel 4.1.1. dieser Arbeit ausgeführt wurde, können zeitliche Gesichtspunkte (beispielsweise lineare vs. exponentielle Entwicklungsverläufe) den Entwurf von Handlungsplänen erschweren. Die Beachtung zeitlicher Aspekte kann aber auch die Entwicklung von individuellen Handlungsplänen erleichtern. So ist es beispielsweise möglich, bestimmte zeitlich festgelegte Punkte (Termine) als Hilfsmittel zur Strukturierung der zu planenden Handlung zu nutzen (siehe die bereits oben erwähnte Unterteilung in ereignisbezogene und zeitbezogene Simulation). Diese zeitlich festgelegten Punkte können aber auch Ausgangspunkt für die Entwicklung von Teilplänen sein, indem sie dem Planenden eine Orientierungs- und Strukturierungshilfe für die zu beeinflussenden Situation bieten.

Mit dieser eben angesprochenen Funktion von zeitlich festgelegten Punkten beschäftigt sich eine Untersuchung von VALAX & SAROCCI (1989) auf die an dieser Stelle näher eingegangen werden soll.

In dieser Untersuchung wurden innerhalb einer Feldstudie insgesamt 33 Farmer hinsichtlich der Planung ihres Arbeitstages untersucht. Diese Farmer hatten die Aufgabe, *zum Beginn ihres Arbeitstages* Protokolle zu erstellen, in denen sie aufzeichnen sollten, wie und wann sie die an den jeweiligen Arbeitstagen abzuarbeitenden Aufgaben erledigen wollen. Diese Protokolle wurden dann mit anderen Protokollen verglichen, die die Farmer *während ihres Arbeitstages* anzufertigen hatten, und in denen sie den tatsächlichen Ablauf ihres Arbeitstages protokollierten. Um die Planung von Arbeitstagen bei unterschiedlichen Anforderungsbedingungen zu untersuchen, wurden die Protokolle während einer Periode mit hohen Anforderungen (Sommersaison) und einer Periode mit vergleichsweise geringen Anforderungen (Wintersaison) angefertigt. Desweiteren wurde zwischen der Planung von Werktagen und der Planung der Arbeit an Wochenenden unterschieden.

VALAX & SAROCCI (1989) fanden, daß die Farmer in den "Planungsprotokollen" als auch in den während der Arbeit angefertigten Protokollen, unabhängig von Saison und Wochentag, für die Abarbeitung der in Tabelle 1 aufgelisteten Aktivitäten weitestgehend übereinstimmend feste zeitliche Grenzen protokollierten. Bei der zeitlichen Festlegung anderer Aktivitäten konnte dagegen diese Übereinstimmung nicht beobachtet werden (sie lag bei maximal 43%).

Daneben konnten VALAX & SAROCCI zeigen, daß für die zeitlichen Grenzen der in Tabelle 1 aufgelisteten Aktivitäten zwischen den geplanten und den während des Arbeitstages angefertigten Protokollen, keine bedeutsamen Unterschiede nachgewiesen werden konnten (ersichtlich aus Tabelle 1, wenn man die Prozentwerte der Spalte PS mit denen der Spalte AS vergleicht). Desweiteren fanden die Autoren, daß die Beständigkeit dieser zeitlich genau festgelegten Aktivitäten auch dann weitestgehend erhalten bleibt, wenn diese hinsichtlich unterschiedlicher Anforderungsbedingungen (Saison, Wochentag) analysiert werden.

TABELLE 1

Von den Farmern aufgelistete Aktivitäten bei denen die größte Übereinstimmung festgestellt werden konnte; PS = Planungsprotokolle/ AS = während der Arbeit angefertigte Protokolle. (nach VALAX & SAROCCI: Structure of action plans and the notion of temporal stops. 1989, S. 230).

		PS	AS
Animal care	Morning	95,83%	91,28%
	Evening	83,33%	79,54%
Family life	Midday	92,80%	91,29%
	Evening	95,45%	93,18%

Diese Befunde betrachten VALAX & SAROCCI (1989) als Beweis für das Vorhandensein genau festgelegter, immer wiederkehrender zeitlicher Orientierungspunkte. Desweiteren schlußfolgerten VALAX & SAROCCI aus den dargestellten Befunden, daß die Planung von Handlungen auf der Basis dieser zeitlichen Orientierungspunkte erfolgt: "In order for a plan to preserve its

validity despite the multiple possibilities the future holds, it must be based on a precise temporal structure... The building of such structure is made possible through the subjects experience of cyclical facts, which delimit time intervals and thus provide subgoals within to-be-planned time period" (VALAX & SAROCCI 1989, S.234).

Zusammenfassend läßt sich somit zunächst feststellen, daß es neben den Formen der Handlungsplanung bei denen der Planende sich an bestimmten Ereignissen bzw. (Teil-) Handlungen orientiert auch die Möglichkeit gibt, Pläne unter Zuhilfenahme zeitlicher Festpunkte zu entwerfen (vgl. dazu auch Mc-DERMOTT 1981 sowie NUTTIN 1985).

Adaptives Planungsverhalten

Bei der bisherigen Darstellung der unterschiedlichen, zur Planentwicklung nutzbaren Vorgehensweisen wurde stets davon ausgegangen, daß ein Plan - unabhängig davon ob dieser an zeitlichen oder inhaltlichen Gesichtspunkten orientiert ist - *vor* dem eigentlichen Handlungsbeginn entworfen wird. Die Erstellung eines *vollständig* ausgearbeiteten Handlungsplanes vor dem Handlungsbeginn ist aber nur dann möglich, wenn die zu bearbeitende Aufgabe planbar ist. Wie bereits mehrfach erwähnt, ist die Planbarkeit einer Aufgabe davon abhängig, ob die jeweilig zu bearbeitende Situation durch Intransparenz, Komplexität sowie Eigendynamik gekennzeichnet ist (siehe Kapitel 4.1.1.). Wenn eine Aufgabe aufgrund geringer oder überhaupt nicht vorhandener Planbarkeit zu Beginn einer Handlung nicht oder nur sehr schwer planbar ist, muß demzufolge anders als bisher besprochen vorgegangen werden, um trotzdem eine *planvolle* Abarbeitung von Aufgaben zu ermöglichen. Diese andere Vorgehensweise soll nachfolgend unter dem Begriff "adaptives Planungsverhalten" näher erläutert werden.

Der Grundgedanke dieses adaptiven Planungsverhaltens besteht darin, in den Handlungsablauf eine oder mehrerer Handlungsunterbrechungen einzuschieben und somit die aufgewendete Planungszeit auf die Gesamthandlung zu verteilen. Dabei kann man unter einer Handlungsunterbrechung einen festgelegten Zeitabschnitt verstehen, in dem die eigentliche Handlung unterbrochen wird, um die weitere Vorgehensweise zu planen. Der Planende müßte demnach bei dieser Vorgehensweise zunächst nur einen groben Rahmenplan entwickeln, der lediglich die Festlegung verschiedener Handlungsunterbrechungen beinhaltet. Sind diese Handlungsunterbrechungen festgelegt, kann damit begonnen werden - evtl. unter Zuhilfenahme der bereits besprochenen Formen der Handlungsplanung - zunächst einen genauen Handlungsplan bis zur ersten Handlungsunterbrechung zu entwerfen. Wenn das geschehen ist, kann mit der Handlung begonnen werden, solange bis die erste Handlungsunterbrechung erreicht worden ist. Innerhalb dieser Handlungsunterbrechung kann dann wiederum ein Plan bis zur nächsten Unterbrechung entworfen werden. Ist das geschehen, wird die Handlung wiederum aufgenommen und bis zum Erreichen der nächsten Handlungsunterbrechung fortgesetzt. Diese Vorgehensweise wird solange durchgeführt bis schließlich das Handlungsziel erreicht worden ist.

Dieses adaptive Planungsverhalten hat mehrere Vorteile. Ein Vorteil besteht in der bereits erwähnten Tatsache, daß Aufgaben, die aufgrund hoher Komplexität oder geringer Transparenz nur sehr schwer zu planen sind, trotzdem planvoll abgearbeitet werden können. Daneben aber ergibt sich aus der Anwendung dieses adaptiven Planungsverhaltens ein zweiter, noch wichtigerer Vorteil: Durch den Einschub von Handlungsunterbrechungen in den Handlungsablauf können besonders solche Aufgaben planvoll bearbeitet werden, die nur sehr schwer vorhersehbare und sich selbständig verändernde zeitliche Entwicklungsverläufe (Eigendynamik) beinhalten. Durch die in den Handlungsablauf eingeschobenen Handlungsunterbrechungen ist es möglich, ständig diese eigendynamischen Entwicklungsverläufe zu analysieren, um den Handlungsplan adaptiv an diese zeitlichen Veränderungen anzupassen.

Ansätze zur genaueren experimentellen Untersuchung dieser eben besprochenen Vorgehensweise stammen von SACERDOTI (1974; *successive refinement strategy*), KOTOVSKY, HAYES & SIMON (1985; *'Two-Chunk' Temporal Pattern*) sowie NEWELL (1989; *progressive deepening*). Auch in der vorliegenden Arbeit soll die Anwendung und Wirkungsweise dieses adaptiven Planungsverhaltens noch näher untersucht werden (ab Kapitel 9).

4.2.4. Wissensbasierte Handlungsplanung

In der bereits vorgestellten experimentellen Untersuchung von VALAX & SAROCCI (1989) wurde auf einen Punkt hingewiesen, der nun eingehender besprochen werden soll: Der Einfluß der individuellen Erfahrung beim Entwurf von Handlungsplänen.

"Fallbasierte" Handlungsplanung

Von HAMMOND (1990) wurde besonders intensiv die Bedeutung der individuellen Erfahrung für die Handlungsplanung untersucht. Dabei vertritt HAMMOND die Ansicht, daß Pläne in erster Linie auf der Grundlage bereits vorhandener Erfahrungen mit der zu planende Aufgabe entworfen werden. Es könnte demnach von "fallbasierter" Planung gesprochen werden (case based planning). Diese individuellen Erfahrungen können Erinnerungen an vergangene Erfolge ("memories of past successes"), Erinnerungen vergangener Fehlhandlungen ("memories of past failures") sowie Erinnerungen an vergangene Plankorrekturen ("memories of past repairs") sein. Die Unterschiede zu anderen Planungstheorien liegen nach HAMMOND (1990) besonders in den folgenden drei Punkten:

1. "Rather than planning for individual goals and then merging the results, a case based planner searches its memory for a plan that satisfy many of its goals at once.
2. Rather than recovering from planning errors and then forgetting the results of that recovery, a case based planner treats these errors as oppurtunities to learn more about its domain and the problems that arise in it.
3. Rather than discarding the plans that it builds, a case based planner saves them in memory for later use in similar circumstances" (S.287).

HAMMOND beschreibt diese fallbasierte Handlungsplanung auf der Grundlage des in Abbildung 3 dargestellten Modelles.

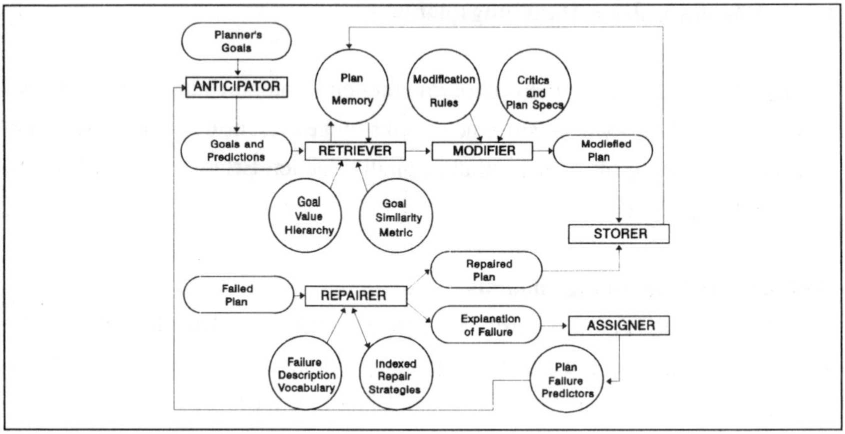

Abb. 3: HAMMOND's Modell zur Erklärung der fallbasierten Handlungsplanung. (aus HAMMOND: Case based planning. 1990, S. 408).

Die von dem Planenden ausgewählten Ziele werden direkt in den "ANTICIPATOR" eingegeben. Der "ANTICIPATOR" macht Vorhersagen über die eventuell auftretenden Probleme, die bei den ausgewählten Zielen zu erwarten sind. Die Ziele werden dann, zusammen mit den vom "ANTICIPATOR" vorhergesagten Problemen in den "RETRIEVER" eingegeben. Der "RETRIEVER" sucht im Langzeitgedächtnis nach bereits vorhandenen Plänen, die das Erreichen der ausgewählten Ziele am besten ermöglichen. Dabei versucht der "RETRIEVER" solche Pläne zu finden, die das Auftreten der vom "ANTICIPATOR" vorhergesagten Probleme möglichst vermeiden. Das Resultat dieser Suche ist ein Plan, der auf einige oder alle ausgewählten Ziele paßt. Dieser Plan wird zum "MODIFIER" weitergeleitet. Dort werden neue Schritte zu dem aus dem "RETRIEVER" übertragenen Plan hinzugefügt bzw. veraltete Schritte durch neue ersetzt. Dieser modifizierte Plan wird getestet und dabei wird überprüft, ob mit dem modifizierten Plan alle Ziele erreicht werden können. Werden Fehler festgestellt - entweder weil ein Ziel nicht erreicht wird oder weil mit dem jeweiligen Plan ein nicht erwünschter Zustand eintritt - wird der jeweilige Plan in den "REPAIRER" eingegeben. Der "REPAIRER" erstellt eine Charakteristik des Fehlers, und nutzt diese Charakteristik um eine Korrekturmethode zu finden, die auf den Fehler angewendet werden kann. Der korrigierte Plan wird - zusammen mit der Beschreibung des Problems und dessen Lösungsweges - in den "STORER" eingeben. Der "STORER" speichert diesen neuen Plan anhand der ausgewählten Ziele und der aufgetretenen und bearbeiteten Probleme für eine wiederholte Nutzung bei ähnlichen Umständen. Während der "REPAIRER" eventuell notwendige Plankorrekturen vornimmt, analysiert der "ASSIGNER" die Ursachen, die zum Zustandekommen eines fehlerhaften Planes geführt haben. Diese Ursachen werden an den "ANTICIPATOR" übermittelt, damit dieser in der Lage ist, anhand der vom "ASSIGNER" herausgearbeiteten Ursachen das Zustandekommen fehlerhafter Pläne zukünftig zu vermeiden.

Die Vorteile dieser eben näher erläuterten "fallbasierten" Handlungsplanung liegen auf der Hand. Durch die Nutzung bereits vorhandener Pläne die unter ähnlichen Umständen bereits zu dem gewünschten Handlungsergebnis geführt haben, kann der notwendige Informationsverarbeitungsaufwand der normalerweise zur Entwicklung eines Planes erforderlich ist, in entscheidender Weise gesenkt werden. Zudem ist es durch diese Vorgehensweise möglich, fehlerfreier und insgesamt sicherer eine Handlung abzuarbeiten, da bereits Erfahrungen über eventuelle Schwachstellen eines Handlungsplanes vorliegen. Allerdings ist zu vermuten, daß nicht für alle Handlungen bereits fertig gespeicherte oder nur noch zu modifizierende Pläne gedächtnismäßig vorliegen. Wenn das der Fall ist, wird es nicht möglich sein, auf eine fallbasierte Handlungsplanung zurückzugreifen, und es muß stattdessen der Plan unter Zuhilfenahme der bereits besprochen Formen der Handlungsplanung entwickelt werden.

Regelbasierte Handlungsplanung

Abschließend soll noch kurz auf eine weitere Form der wissensbasierten Handlungsplanung eingegangen werden, die nachfolgend mit dem Begriff "regelbasierte" Handlungsplanung umrissen wird. Diese Vorgehensweise kann bei solchen Aufgaben angewendet werden, die durch gesetzmäßige, immer wiederkehrende, aufgabenimmanente Regelhaftigkeiten charakterisiert sind (wie das zum Beispiel beim Turm-von-Hanoi Problem der Fall ist). Bei solchen Aufgaben müßte der Planende zunächst diese Regelhaftigkeiten erkennen. Ist das geschehen, so kann er diese Regelhaftigkeiten gedächtnismäßig speichern. Danach kann er davon ausgehend diese Regelhaftigkeiten auf die konkrete Aufgabe übertragen, um schließlich einen anwendbaren Handlungsplan zu erstellen. Diese Art der Handlungsplanung wurde besonders im Rahmen der Forschung zum Fertigkeitserwerb (skill aquisition; ANZAI & SIMON 1979, ANDERSON 1983, WOLTZ 1988, VanLEHN 1991) sowie in Studien zur Anwendung von heuristischen Regelsystemen (SKELL 1972, DÖRNER 1980, HACKER & LOEBMANN 1990) untersucht.

4.3. Zusammenfassung

Ausgehend von den Darlegungen dieses Kapitels läßt sich nun folgendes zusammenfassen:

Zur Handlungsplanung müssen in erster Linie drei Voraussetzungen erfüllt sein. Erstens muß der Planende eine interne Repräsentation der zu planenden Handlung entwickeln, die die Grundlage für den Entwurf der zukünftigen Handlung bildet. Verfügt der Planende über diese interne Repräsentation, so muß zweitens ein möglichst eindeutig festgelegtes Ziel vorhanden sein, daß durch den jeweiligen Handlungsplan erreicht werden soll. Schließlich muß drittens der Planende eine positive Entscheidung darüber treffen, das jeweilig ausgewählte Handlungsziel durch eine **geplante** Vorgehensweise zu erreichen. Die Wichtigkeit dieser Planungsvoraussetzungen konnte in verschiedenen Untersuchungen nachgewiesen werden. Arbeiten die sich intensiver mit der Bedeutung der genannten Planungsvoraussetzungen beschäftigen, als es hier geschehen konnte, stammen beispielsweise von SCHANK & ABELLSON (1977), DE LISI (1987), WILENSKY (1981) oder KREITLER & KREITLER (1987).

Sind diese drei Planungsvoraussetzungen erfüllt, so gibt es verschiedene Vorgehensweisen, um zu einem anwendbaren Handlungsplan zu gelangen. Diese Vorgehensweisen kommen in der Realität zumeist miteinander vermischt bzw. sich gegenseitig ergänzend vor, sie lassen sich aus Gründen der Übersichtlichkeit in der folgenden Form zusammenfassen:

1. Lineare Handlungsplanung
   a) Vorwärts vs. rückwärtsgerichtete Handlungsplanung
   b) "chunkingorientierte" Handlungsplanung
   c) "schrittüberspringende" Handlungsplanung

2. Hierarchisch organisierte Handlungsplanung
   a) vollständig hierarchisch organisierte Handlungsplanung
   b) opportunistisches Planungsverhalten

3. Zeitlich orientierte Handlungsplanung
   a) "terminbasierte" Handlungsplanung
   b) adaptives Planungsverhalten

4. Fallbasierte Handlungsplanung
   a) vollständig fallbasierte Handlungsplanung
   b) regelgeleitete Handlungsplanung

In verschiedenen Untersuchungen konnte gezeigt werden, daß diese Formen der Handlungsplanung in der Realität angewendet werden. Ein Anliegen zukünftiger Forschung muß es sein, genauer als bisher zu klären, bei welchen Tätigkeiten die jeweiligen Formen der Handlungsplanung zu besonders hohen Leistungen führen. Ansätze dazu finden sich besonders in den vorgestellten Untersuchungen von SWELLER et al. (1987), VALAX & SAROCCI (1989) oder ANDERSON & KOEDINGER (1991). Auch in der vorliegenden Arbeit soll auf diese Frage noch näher eingegangen werden (ab Kapitel 9).

5. Wie entstehen Pläne? - Deskriptive Modelle vom Ablauf der Planentwicklung

Aus den bisherigen Darlegungen wurde deutlich, daß der Entwurf eines individuellen Handlungsplanes ein sehr komplizierter Informationsverarbeitungsprozeß sein kann. Demnach ist nun zu fragen, wie man den Ablauf bzw. die Regulation des individuellen Planungsprozesses beschreiben kann. Mit anderen Worten: Wie entstehen individuelle Handlungspläne?

Mit dieser Fragestellung beschäftigen sich eine große Anzahl von Arbeiten, in denen zum Teil recht unterschiedliche Beschreibungsmodelle vorgeschlagen werden (z.B. MILLER, GALANTER & PRIBRAM 1960, SACERDOTI 1974, SCHANK & ABELSSON 1977, HAYES-ROTH & HAYES-ROTH 1979, ÖSTERREICH 1981, WILENSKY 1981). Nachfolgend soll auf zwei dieser Modelle näher eingegangen werden. Es handelt sich dabei um das kognitionspsychologisch orientierte Planungsmodell von HAYES-ROTH & HAYES-ROTH (1979) sowie um das auf Grundannahmen der Handlungstheorie basierende Regulationsmodell von ÖSTERREICH (1981).

5.1. Das "Kognitive Planungsmodell" von HAYES-ROTH & HAYES-ROTH (1979)

Ausgangspunkt des von HAYES-ROTH & HAYES-ROTH entwickelten deskriptiven Planungsmodells ist die Annahme, daß es verschiedene "kognitive Spezialisten" (cognitive specialists) mit unterschiedlichen Funktionen gibt, die durch ihr gesteuertes Zusammenwirken den Entwurf von individuellen Handlungsplänen ermöglichen (siehe Abbildung 4).

Diese "Kognitiven Spezialisten" sind in einer gemeinsamen Struktur organisiert, die von HAYES-ROTH & HAYES-ROTH mit dem Begriff "blackboard" bezeichnet werden. Dieses "blackboard" wiederum besteht aus den nachfolgend näher beschriebenen, fünf konzeptionell unterschiedlichen Bereichen.

1. "Plan-Bereich" (plan-plane)

Innerhalb des "Plan-Bereiches" wird darüber entschieden, welche der vorhandenen Intentionen des Planenden für die Handlungsplanung ausgewählt werden. Daneben wird in diesem Bereich ein detaillierter Plan über den Ablauf der jeweils ausgewählten Handlung erstellt.

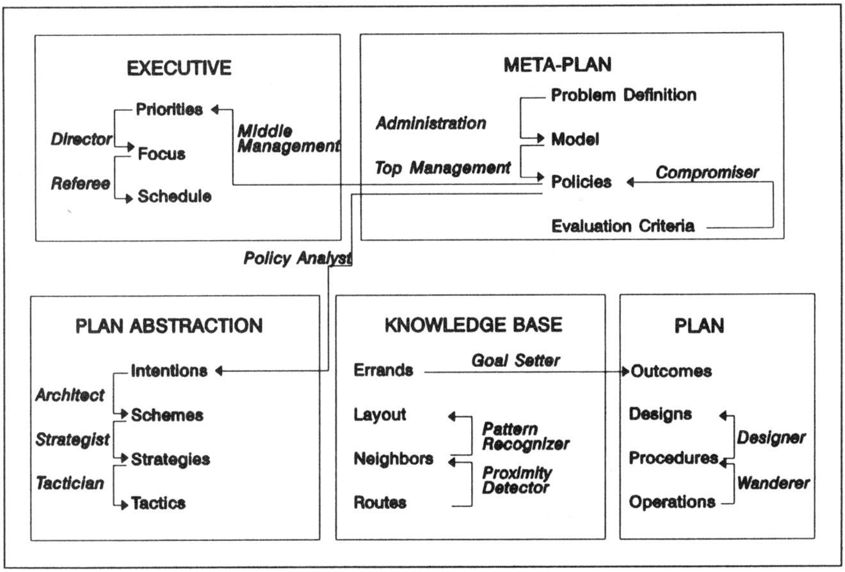

Abb. 4: Ein kognitives Planungsmodell. (aus HAYES-ROTH & HAYES-ROTH: A cognitive model of planning. 1979, S. 288).

Der "Plan-Bereich" ist hierarchisch organisiert und umfaßt insgesamt vier Hierarchieebenen. Die oberste Ebene wird von HAYES-ROTH & HAYES-ROTH mit dem Begriff "outcomes" bezeichnet. Diese Hierarchieebene ist für die Auswahl einer Handlung aus verschiedenen Intentionen verantwortlich. Innerhalb der darunter liegenden Hierarchieebene ("design") wird eine allgemeine Herangehensweise für die jeweils ausgewählte Handlung entwickelt. Unter dieser Hierarchieebene liegt die Ebene "procedures", in der ein grober Ablaufplan für die ausgewählte Handlung erstellt wird. Die unterste

Hierarchieebene des "Plan-Bereiches" wird von HAYES-ROTH & HAYES-ROTH mit dem Begriff "operations" bezeichnet. Diese Ebene ist für die detaillierte Ausarbeitung einzelner Handlungssequenzen verantwortlich.

2. "Plan-Abstraktion" (plan abstraction)

Im zweiten Bereich des von HAYES-ROTH & HAYES-ROTH entwickelten Planungsmodelles, dem Bereich "Plan-Abstraktion" werden Entscheidungen über die erwünschten Merkmale und Eigenschaften der jeweils für die Handlungsplanung ausgewählten Intentionen getroffen. Auch dieser Bereich ist hierarchisch organisiert er besteht ebenfalls aus vier Hierarchiebenen, wobei die einzelnen Ebenen funktional mit den Ebenen des benachbarten Bereiches "Plan-Bereich" korrespondieren. Die oberste Hierarchieebene ist die Ebene "intention", darunter liegen die Ebenen "scheme", "strategy" und "tactic".

3. "Wissens-Basis" (knowledge-base)

Ein weiterer Bestandteil des "Kognitiven Planungsmodells" ist der Bereich "Wissens-Basis". In diesem Bereich werden Informationen gespeichert und verarbeitet, die für die auf den jeweiligen Hierarchieebenen zu treffenden Entscheidungen benötigt werden. Demzufolge besteht auch dieser Bereich aus vier verschiedenen Hierarchieebenen: Für die Hierarchieebenen "design" und "intention" die Ebene "errands", für "design" und "scheme" die Ebene "lay-out", für die Ebenen "procedures" und "strategy" die Hierarchieebene "neighboors", sowie für "operations" und "tactic" die Ebene "routes".

4. "Exekutive" (executive)

Der vierte Bestandeil des von HAYES-ROTH & HAYES-ROTH entwickelten Planungsmodelles ist der Bereich "Exekutive", welcher für die Koordination der für die Planung erforderlichen individuellen Verarbeitungskapazität verantwortlich ist. Auch dieser Bereich ist hierarchisch organisiert, die oberste Hierarchieebene ist die Ebene "priority". Diese Ebene enthält genau definierte Prinzipien für die Verteilung der individuellen Verarbeitungskapazität auf die einzelnen "Kognitiven Spezialisten". Die zweite Ebene innerhalb dieses Bereiches wird mit dem Begriff "focus" bezeichnet. In dieser Hierarchieebene wird darüber entschieden, welcher "Kognitive Spezialist" jeweils eine Entscheidung durchzuführen hat. Schließlich gibt es noch eine dritte Hierarchieebene ("schedule"), die dann aktiviert wird, wenn zwischen zwei "Kognitiven Spezialisten" Entscheidungskonflikte entstanden sind.

5. "Meta-Plan-Bereich" (meta plan)

Schließlich gibt es innerhalb des "kognitiven Planungsmodells" noch einen fünften Bereich, den Bereich "Meta-Plan". Dieser Bereich entscheidet über die Art und Weise der Annäherung an das zu planende Problem (individuelles Problemverständnis), über die anzuwendenden Methoden zur Lösung des Problems sowie über die Kriterien der Bewertung der entwickelten Problemlösungen. Auch dieser Bereich ist hierarchisch organisiert, wobei folgende Ebenen vorkommen: "problem definition", "model", "policies" und "evaluation criteria".

Es wurde von HAYES-ROTH & HAYES-ROTH (1979) versucht, die Richtigkeit der eben dargestellten Überlegungen zum Ablauf des individuellen Planungsprozesses mit Hilfe eines Laborexperimentes an einer relativ kleinen Stichprobe nachzuweisen. Leider fehlen bisher größere (Feld-) Untersuchungen, die Belege für die praktische Anwendbarkeit der von HAYES-ROTH & HAYES-ROTH entwickelten Modellvorstellungen liefern.

5.2. Das "5-Ebenen-Modell" von ÖSTERREICH (1981)

Neben diesen eben dargestellten kognitionspsychologisch orientierten Modellvorstellungen zur Beschreibung und Erklärung des Zustandekommens individueller Handlungspläne wird auch innerhalb der Handlungstheorie versucht, den Prozeß der Planentwicklung zu beschreiben. Eine dieser Ansätze stammt von ÖSTERREICH (1981), der sich wiederum im Wesentlichen an Grundannahmen HACKER's (1973, 1986) orientiert.

HACKER geht davon aus, daß die Regulation von Handlungen durch drei, voneinander abgrenzbare Regulationsebenen realisiert wird (siehe Abbildung 5). Dabei wird die unterste Regulationsebene innerhalb dieses Modells als "sensumotorische" oder "automatisierte" Regulationsebene bezeichnet. Auf dieser Ebene werden durch nichtbewußtseinsfähige, kinästhetische Signale, Bewegungen oder automatisierte Bewegungsreihen in Gang gesetzt. Für die *bewußte* Planung von Handlungen spielt diese Ebene keine Rolle. Gleiches gilt für die mittlere Ebene des von HACKER entwickelten Regulationsmodells, die mit dem Begriff "perzeptiv-begriffliche" Regulationsebene bezeichnet wird. Auf dieser Ebene der Handlungsregulation werden auf der Grundlage "wahrnehmungsgebundener Urteils- und Klassifikationsprozesse" allgemeine Handlungsschemata aktiviert, wobei HACKER (1986) unter einem Handlungsschemata "...zielbezogene Zusammenschlüsse von Bewegungsstereotypien sowie kognitive Routinen zu variabel einsetzbaren Programmen" (S. 159) versteht.

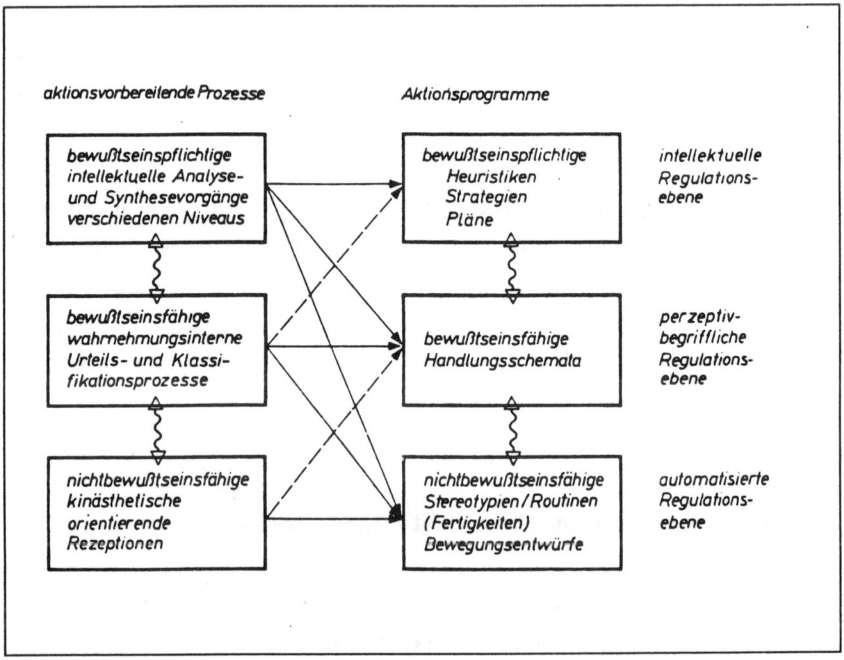

Abb. 5: Schematische Darstellung der multiplen Beziehung zwischen vorbereitenden und realisierenden Regulationskomponenenten für einen mittleren Hierarchieausschnitt. (aus HAKKER: Arbeitspsychologie. 1986, S. 160).

Planungen im Sinne der eingangs gegebenen Definition werden nur innerhalb der obersten Ebene des von HACKER entwickelten Regulationsmodells realisiert. HACKER bezeichnet diese Ebene als "intellektuelle Regulationsebene" und geht davon aus, daß auf dieser Ebene Pläne, Strategien und heuristische Regelsysteme erzeugt werden. Unter einem Plan versteht HACKER "...Festlegungen von abzuarbeitenden konkreten Teilzielen" (1986, S. 159) sowie "...auf ein Fernziel oder Globalziel gerichtetes, komplexes und hierarchisch organisiertes Handlungsprogramm" (HACKER 1991). Mit dem Begriff "Strategie" bezeichnet HACKER "allgemeine Pläne" die für eine "Folge möglicher Situationen" vorwegnehmend angeben, "...nach welchen Regeln einzelne Entscheidungen über das Vorgehen zu treffen sind" (1986, S. 195).

Ausgehend von diesen Modellvorstellungen wurde von ÖSTERREICH (1981) ein Handlungsregulationsmodell entwickelt, dessen Grundgedanke darin besteht, durch die Aufspaltung und Differenzierung der von HACKER postulierten "intellektuellen" Regulationsebene in mehrere, funktional unterschiedliche Teilebenen den Prozeß der Handlungsregulation und damit der bewußten Planung genauer zu beschreiben und zu erklären.

In diesem, von ÖSTERREICH entwickelten und gleichfalls hierarchisch aufgebauten Modell (siehe Abbildung 6) wird als oberste Ebene eine "Ebene der Erschließungsplanung" postuliert, deren Funktion darin besteht, den Prozeß der Erschließung von solchen Handlungsbereichen zu steuern, die für die jeweilige Person vollkommen neu sind, bzw. für die noch keine individuellen Erfahrungen vorliegen. Dabei versteht ÖSTERREICH unter einem Handlungsbereich die Summe aller, einem Menschen jeweils möglichen Handlungen innerhalb eines genau festgelegten Zeitabschnittes. "Auf der Ebene der Erschließungsplanung wird also das Handeln in verschiedenen Handlungsbereichen koordiniert, jedoch unter dem besonderen Aspekt, sich einen neuen Handlungsbereich zu erschließen" (S.190).

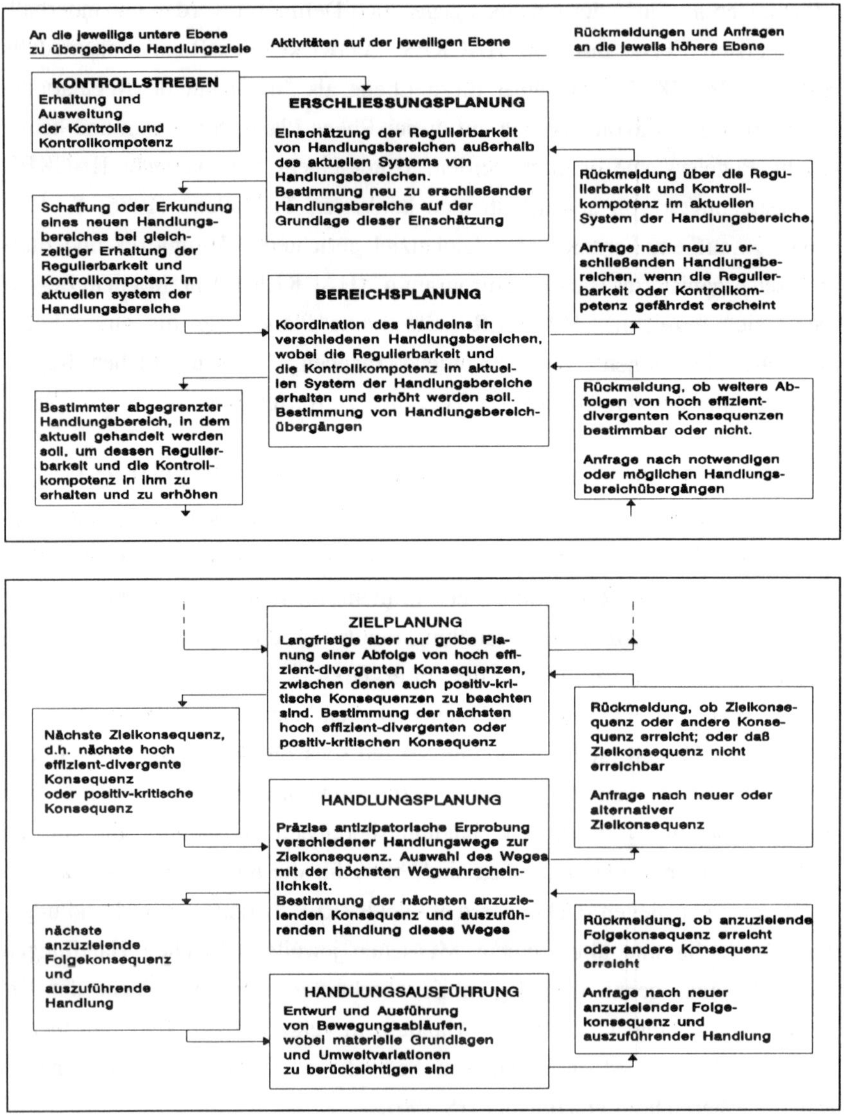

Abb. 6: Gesamtdarstellung des "5-Ebenen Modells" der Handlungsregulation. (aus ÖSTERREICH: Handlungsregulation und Kontrolle. 1981, S.142).

Eine etwas andere Funktion kommt der "Ebene der Bereichsplanung" zu, die sich unter der "Ebene der Erschließungsplanung" befindet. Innerhalb dieser Ebene werden solche Handlungsbereiche koordiniert und voneinander abgegrenzt, die der jeweiligen Person bekannt sind, bzw. für die bereits individuelle Erfahrungen vorliegen. Desweiteren wird auf der Ebene der Bereichsplanung darüber entschieden, in welchen Handlungsbereich gehandelt werden soll und für welchen Handlungsbereich demnach Pläne entworfen werden müssen.

Wurde ein Handlungsbereich ausgewählt, so kann die darunter liegende Ebene aktiviert werden, die ÖSTERREICH als "Ebene der Zielplanung" bezeichnet. In dieser Ebene wird eine grobe Abfolge längerfristig zu erreichender Zielkonsequenzen festgelegt. Mit dem Begriff "Zielkonsequenz" bezeichnet ÖSTERREICH eine bestimmte Situation, die im Ergebnis einer möglichen Handlung entsteht. Dabei werden laut ÖSTERREICH besonders sogenannte "hoch effizient-divergente Zielkonsequenzen" für die zukünftige Handlung ausgewählt, wobei mit diesem Begriff solche Zielkonsequenzen bezeichnet werden, bei denen der Handelnde "...jeweils gute Möglichkeiten hat, Handlungen in viele verschiedene Richtungen fortsetzen zu können" (ÖSTERREICH 1981, S. 106, im Original unterstrichen).

Hat der Handelnde die jeweiligen Zielkonsequenzen festgelegt, so werden auf der "Ebene der Handlungsplanung" für die ausgewählten Zielkonsequenzen verschiedene Handlungswege antizipatorisch erprobt und die Wegwahrscheinlichkeiten der verschiedenen Handlungswege abgeschätzt. Im Ergebnis dieses Prozesses wird ein, zur jeweiligen Zielkonsequenz führender Handlungsweg mit der "maximalen Wegwahrscheinlichkeit" ausgewählt, der dann schließlich auf der "Ebene der Handlungsausführung" (unterste Ebene des Handlungsregulationsmodells von ÖSTERREICH) in die Realität umgesetzt wird.

Das eben kurz erläuterte Handlungsregulationsmodell hat mehrere Vorteile. Zum einen zeigt es sehr deutlich, daß sich individuelle Handlungsplanung nicht nur auf die Festlegung eines Handlungsweges beziehen kann, sondern daß Planung auch die Auswahl und die Festlegung von individuellen Handlungszielen oder sogar Handlungsbereichen beinhalten kann (siehe dazu Kapitel 4.1.

der vorliegenden Arbeit). Zudem ist es unter Zuhilfenahme dieses Modells sehr gut möglich, die im Kapitel 4.2. beschriebenen Formen der hierarchisch organisierten Handlungsplanung näher zu beschreiben und zu analysieren. Schließlich besteht ein weiterer Vorteil des Handlungsregulationsmodells von ÖSTERREICH darin, daß die Anwendbarkeit dieses Modells zur Beschreibung der individuellen Planungstätigkeit in realen Situationen, durch praktische Untersuchungen nachgewiesen werden konnte (ÖSTERREICH 1981, ÖSTERREICH & VOLPERT 1991).

5.3. Zusammenfassung

Zur Beschreibung des Prozesses der Planentwicklung gibt es verschiedene Modellansätze. Zwei der elaboriertesten wurden vorgestellt. Dabei handelte es sich um das "Kognitive Planungsmodell" von HAYES-ROTH & HAYES-ROTH (1979) sowie um das "5-Ebenen-Modell" von ÖSTERREICH. Besonders für das letztgenannte Modell liegen verschiedene Untersuchungen vor, die zeigen, daß man mit Hilfe dieses Modells die reale Planungstätigkeit des Menschen weitestgehend realitätsnah beschreiben kann.

6. "Wo" wird geplant ? - Experimentalpsychologische und neurophysiologische Befunde

Nachdem nun dargelegt wurde, wie man auf der Grundlage verschiedener Modellvorstellungen den Prozeß der individuellen Handlungsplanung beschreiben kann, soll nachfolgend auf verschiedene experimentalpsychologische und neurophysiologische Untersuchungen eingegangen werden, die die theoriengeleitete Modellbildung und Untersuchung der für die Handlungsplanung erforderlichen kognitiven Strukturen zum Inhalt haben.

6.1. Experimentalpsychologische Befunde

Es wurde innerhalb dieser Arbeit schon mehrfach darauf hingewiesen, daß für den Entwurf individueller Handlungspläne zumeist eine Fülle von Informationen aufzunehmen und intern abzubilden sind. Die daraus entstehende interne Repräsentation bildet die Grundlage für die gedankliche Simulation und damit Planung der zukünftigen Handlung (siehe Kapitel 4.1.). Mit anderen Worten: Zur Planerstellung ist es notwendig, verschiedene Informationen zu speichern (z.B. Parameter des Ausgangszustandes, einschränkende Bedingungen u.s.w.) und diese Informationen **gleichzeitig** zielgerichtet zu bearbeiten.

Fragt man nach der kognitiven Struktur in der dieser gleichzeitige Informationsspeicherungs- und Informationsbearbeitungsprozess realisiert wird, so findet man innerhalb der psychologischen Forschungsliteratur sehr schnell den Begriff "Arbeitsgedächtnis" (zum Teil auch: "Operatives Compartement", "Arbeitsspeicher", "Operatives Behalten" "active coordinator" o.ä.; gemeint ist zumeist das gleiche). Unter einem Arbeitsgedächtnis wird weitestgehend übereinstimmend eine kapazitätsbegrenzte kognitive (Gedächtnis-) Struktur verstanden, die die zentrale Informationsverarbeitungseinheit des Menschen darstellt (BADDELEY 1986).

In verschiedenen Untersuchungen konnte nachgewiesen werden, daß die Kapazität dieses Arbeitsgedächtnisses interindividuell differiert (DANEMAN & CARPENTER 1980) und somit auch die Qualität der unterschiedlichsten Tätigkeiten in entscheidender Weise beeinflußt. Dieser Sachverhalt zeigt sich in den verschiedensten Bereichen, beispielsweise beim Problemlösen (HUSSY & GRANZOW 1986), bei der Sprachproduktion (POWER 1985) oder beim individuellen Textverstehen (JUST & CARPENTER 1992). Da - wie bereits oben erwähnt - auch bei der Entwicklung von Plänen Informationen gespeichert und gleichzeitig bearbeitet werden müssen, kann man davon ausgehen, daß das Arbeitsgedächtnis bzw. die individuelle Kapazität des Arbeitsgedächtnisses den Entwurf individueller Handlungspläne und somit das Planungsverhalten einer Person mit beeinflussen wird.

Daneben muß darauf hingewiesen werden, daß das Arbeitsgedächtnis nicht nur bei der Entwicklung von Plänen, sondern auch bei der kurz- und mittelfristigen Speicherung von bereits ausgearbeiten Plänen eine wichtige Rolle spielt: Ein qualitativ hochwertiger Plan erbringt nur dann einen Nutzen, wenn der Plan so gespeichert wird, daß während des Handelns jederzeit auf diesen Plan zurückgegriffen werden kann. Dieser Gedanke ist nicht neu, bereits MILLER, GALANTER & PRIBRAM (1960) betonten die Bedeutung der temporären Speicherung von Plänen für das Handeln:

"Wenn wir uns für die Ausführung eines bestimmten Planes entschieden haben, wird dieser vermutlich in einem besonderen Zustand oder an einen bestimmten Ort gebracht, wo er während der Ausführung erinnert werden kann...wir sagen, daß das Gedächtnis, das für die Ausführung von Plänen gebraucht wird, <u>eine Art von schnell zugänglichen 'Arbeitsgedächtnis'</u> ist. Dort mögen gleichzeitig verschiedene Pläne oder verschiedene Teile eines einzigen Planes miteinander aufbewahrt sein" (MILLER et al. 1973, S. 64, Hervorhebung von B.W.).

Zusammenfassend läßt sich demnach zunächst feststellen, daß dem Arbeitsgedächtnis bei der Entwicklung und Speicherung von Plänen offenbar eine bedeutende Funktion zukommt. Aus diesem Grund soll an dieser Stelle näher auf diese Problematik eingegangen werden.

Bevor damit begonnen wird, sollen zunächst exkursartig einige wichtige Aspekte des gegenwärtigen Forschungsstandes zur Untersuchung und wissenschaftlichen Modellierung dieses Arbeitsgedächtnisses kurz skizziert werden.

6.1.1. Das Arbeitsgedächtnis

Spätestens seit den experimentalpsychologischen Untersuchungen von BROWN (1958) sowie PETERSON & PETERSON (1959) und den neurophysiologischen Untersuchungen von BADDELEY & WARRINGTON (1970) sowie SHALLICE & WARRINGTON (1970) wird innerhalb der Psychologie davon ausgegangen, daß das menschliche Gedächtnis aus zumindest zwei unterschiedlichen Teilsystemen besteht: aus einem Langzeitgedächtnis für die langfristige Speicherung von Informationen sowie aus einem Kurzzeitgedächtnis für die kurz- und mittelfristige Speicherung von Informationen. Dabei wurde schon frühzeitig die These vertreten (HUNTER 1964, POSNER & ROSMAN 1965, ATKINSON & SHIFFRIN 1971), daß das Kurzzeitgedächtnis nicht nur der Speicherung von Informationen dient, sondern daß innerhalb des Kurzzeitgedächtnisses auch Informationen verarbeitet werden können und dieses "Gedächtnis"system demzufolge auch als Informationsverarbeitungsstruktur bzw. "Arbeitsspeicher" fungieren kann.

Der experimentelle Beweis dieser These konnte aber erst in einer vielbeachteten Studie von BADDELEY & HITCH (1974) geführt werden. Die genannten Autoren gingen in ihren Untersuchungen davon aus, "..daß, falls das Kurzzeitgedächtnis tatsächlich als Arbeitsspeicher arbeitet, die Leistung in einer Aufgabe die den Arbeitsspeicher beansprucht, drastisch abfallen sollte, wenn dieser bis an die obere Grenze seiner Kapazität durch eine zusätzliche Aufgabe zur Gedächtnisspanne gefüllt wird" (BADDELEY 1979, S.201). Zur experimentellen Überprüfung dieser Überlegungen wurden die Versuchspersonen in der Untersuchung von BADDELEY & HITCH aufgefordert, sprachlich formulierte

Probleme zu lösen, verschiedene Texte richtig zu interpretieren sowie Aufgaben zur freien Reproduktion zu bewältigen, und dabei sich stets gleichzeitig unterschiedlich dargebotene Zahlen zu merken. BADDELEY & HITCH (1974) fanden bei der Lösung der drei Aufgaben durch die Versuchspersonen eine "...reliable Beeinträchtigung, wenn die Versuchsperson sich sechs Ziffern zusätzlich behalten muß, und ein nur geringer oder kein Leistungsabfall, wenn sie drei oder weniger Items speichert" (BADDELEY 1979, S. 206). Diese Befunde wurden von BADDELEY & HITCH als Beweis für die Tatsache angesehen, daß innerhalb des Kurzzeitgedächtnisses nicht nur Speicherungsprozesse sondern *gleichzeitig* auch Verarbeitungsprozesse realisiert werden können wobei diese beiden Funktionen sich gegenseitig beeinflussen. In den folgenden Jahren wurden unter Leitung BADDELEY's weitere Untersuchungen durchgeführt, mit dem Ziel, die Funktion und die Wirkungsweise dieses Arbeitsgedächtnisses näher zu untersuchen und daraus ein nutzbares Arbeitsgedächtnismodell zu entwickeln.

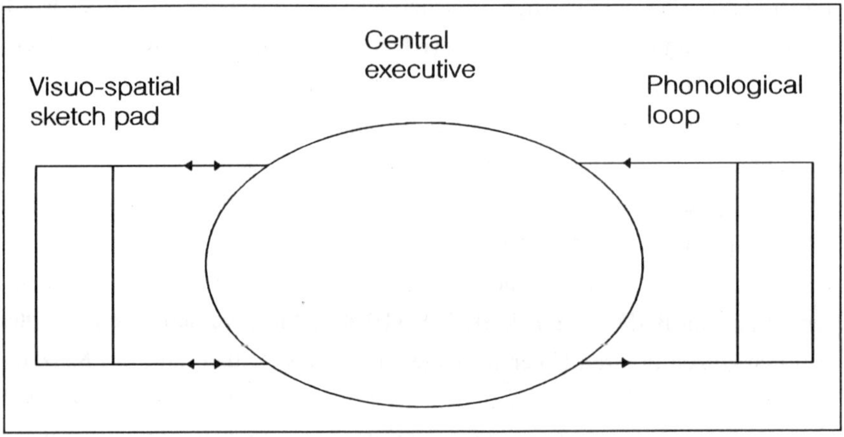

Abb. 7: Das Arbeitsgedächtnismodell von BADDELEY. (aus BADDELEY: Human memory. 1991, S. 71).

Dieses von BADDELEY entwickelte Modell besteht im Wesentlichen aus drei Teilen (siehe Abbildung 7). Das eigentliche Informationsverarbeitungssystem ist die sogenannte "Zentrale Exekutive" (central executive). Leider gibt es bisher nur sehr wenige Untersuchungen zur Klärung der Funktion dieser "Zentralen Exekutive". BADDELEY begründet das folgendermaßen: "We do not have good techniques for exploring the central executive, for example tasks that can reliably be assumed to place a heavy load on the executive" (BADDELEY 1986, S. 255).

Der "Zentralen Exekutive" sind zwei unterschiedliche Hilfssyteme untergeordnet, die BADDELEY mit den Begriffen "Artikulationsschleife" (articulatory loop) und "Visuell räumliches Vorstellungsvermögen" (visuo-spatial scratch-pad bzw. visuo-spatial sketch-pad; wörtlich: visuell räumlicher Notizblock) bezeichnet. Diese beiden Teilsysteme haben die Aufgabe, akustisch oder visuell gegebene Informationen präsent zu halten, ohne daß dadurch die Funktionsfähigkeit der "Zentralen Exekutive" eingeschränkt wird.

Besonders zur Klärung des Aufbaus und der Wirkungsweise der Artikulationsschleife konnten durch verschiedene Untersuchungen zum "phonological simliarity effect" (BADDELEY, LEWIS & VALLAR 1984), zum "word length effect" (BADDELEY, THOMSON & BUCHANAN 1975; BADDELEY et al. 1984), sowie zum "unattended speech effect" (SALAME & BADDELEY 1982) umfangreiche Informationen gesammelt werden. Im Ergebnis dieser Untersuchungen kommen BADDELEY und seine Mitarbeiter zu dem Schluß, daß diese Artikulationsschleife aus einem eher passiven phonologischen Speicher (phonological store) sowie aus einem aktiven artikulatorischen Wiederholungsprozeß (articulatory rehearsal process) besteht. Daneben wird vermutet, daß die Kapazität dieser Artikulationsschleife in erster Linie einer zeitlichen Begrenzung unterliegt, und nicht primär von der Anzahl der gespeicherten Informationen abhängt: "The capacity of the loop appears to be time-based rather than item-based..." HITCH 1984, S. 225).

Zusammenfassend läßt sich demnach zunächst Folgendes feststellen. BADDELEY geht davon aus, daß das Kurzzeitgedächtnis aus verschiedenen Teilsystemen besteht, auf deren Basis es als Arbeitsgedächtnis funktioniert. Diese Sichtweise impliziert, daß es sich bei dem Kurzzeitgedächtnis und dem Arbeitsgedächtnis um ein identisches System handelt. "...it has been widely assumed that man has a limited capacity for processing information... Theoretically this limit is usually identified with short-term memory" (DEMPSTER 1978, S. 419). Die unterschiedlichen Begriffe (Arbeitsgedächtnis vs. Kurzzeitgedächtnis) sind lediglich Ausdruck dafür, daß dieses System verschiedene Funktionen erfüllen kann. Diese, innerhalb der psychologischen Fachliteratur auch als "Ein-System-Hypothese" ("one-system hypothesis"; siehe dazu auch DUNCAN 1980 sowie KLAPP, MARSHBURN & LESTER 1983) bezeichnete Ansicht ist durchaus umstritten.

So vertreten beispielsweise BRAINERD & KINGMA (1987) im Ergebnis eigener experimenteller Untersuchungen die Ansicht, daß es zwei unterschiedliche Gedächtnissysteme gibt: "We assume that there are two, limited-capacity systems operating that are specialized for different functions ... a short term memory ... and a other system, which we shall call working memory..." BRAINERD & KINGMA (S. 41).

Dabei gehen BRAINERD & KINGMA davon aus, daß die Aufgabe des Kurzzeitgedächtnisses darin besteht, ausschließlich "Gedächtnisspuren von eben gerade aufgenommenen Informationen" (traces of recently presented information) zu speichern. Im Arbeitsgedächtnis werden dagegen nur solche Informationen gespeichert (und verarbeitet), die durch entweder im Kurzzeitgedächtnis ablaufende Informationsselektionsprozesse oder durch im Arbeitsgedächtnis stattfindende Informationsbearbeitungsprozesse bereits (vor-) verarbeitet wurden sind und demzufolge eine andere Charakteristik haben, als die im Kurzzeitgedächtnis gespeicherten Gedächtnisinhalte. "The ... working memory is specialized for processing information and for storing traces of processed information ... the information processing work is primilary carried out ... <u>not on the traces that are stored in short term memory</u>" BRAINERD & KINGMA 1987, S. 41, Hervorhebung im Original).

Für die von BRAINERD & KINGMA (1987) vertretene Ansicht von zwei voneinander unabhängig arbeitenden Gedächtnissystemen gibt es neben den von diesen Autoren durchgeführten Untersuchungen weitere experimentelle Belege (beispielsweise in KLAPP et al. 1983). Daneben wird auch in verschiedenen, im deutschsprachigem Raum entwickelten Informationsverarbeitungsmodellen davon ausgegangen, daß Kurzzeitgedächtnis und Arbeitsgedächtnis zwei unterschiedliche Teilssysteme darstellen, die unterschiedliche Funktionen erfüllen (HUSSY 1983, KLIX 1984).

6.1.2. Der Einfluß der Arbeitsgedächtnisbelastung auf das individuelle Planungsverhalten

Unabhängig davon, ob man nun das Arbeitsgedächtnis als ein mit dem Kurzzeitgedächtnis identisches System betrachtet, oder ob man davon ausgeht, daß Arbeitsgedächtnis und Kurzzeitgedächtnis zwei voneinander unabhängige Systeme darstellen, so herrscht innerhalb der psychologischen Forschungsliteratur weitestgehend Übereinstimmung über die Tatsache, daß die Kapazität des Arbeitsgedächtnisses einer (interindividuell variierenden) Begrenzung unterliegt. Da - wie bereits oben formuliert - davon ausgegangen werden kann, daß das Arbeitsgedächtnis für das individuelle Planungsverhalten eine entscheidende Rolle spielt, muß nun nach dem Einfluß der Kapazitätsbegrenzung des Arbeitsgedächtnisses auf das Planungsverhalten gefragt werden.

Mit dieser Fragestellung beschäftigen sich zwei Untersuchungen von KOTOVSKY, HAYES & SIMON (1985) und KLAUER (1992), auf die deshalb im Folgenden näher eingegangen werden soll.

Zunächst die Studie von KOTOVSKY, HAYES & SIMON (1985). In dieser Studie wurden mehrere Versuchsreihen durchgeführt, in denen die Versuchspersonen die Aufgabe hatten, die 3-Scheiben Variante des Turm-von-Hanoi Problems sowie zwei unterschiedliche "Monster" - Probleme zu lösen: das "Monster Move Problem" und das "Monster Change Problem". Von den Versuchspersonen wurden die Abfolge der einzelnen Lösungsschritte, zeitliche Parameter sowie die verbalen Äußerungen während der Problembearbeitung erfaßt. Falsche Lösungsschritte waren nicht gestattet, sie wurden den Versuchspersonen sofort rückgemeldet[1].

Zunächst fanden KOTOVSKY et al. die in Tabelle 2 abgebildeten Lösungszeiten für die drei unterschiedlichen Problemarten, woraus sie schlußfolgerten, daß das "Monster Change Problem" das Problem mit dem größten und das Turm-von-Hanoi Problem in der verwendeten 3-Scheiben Variante das Problem mit den geringsten Schwierigkeitsgrad war.

TABELLE 2

Lösungszeiten für das Turm-von-Hanoi Problem und für die zwei Varianten der Monster Probleme. (aus KOTOVSKY et al.: Why are some problems hard. 1985, S. 252.)

Problem type	*Average solution time (Minutes)*
Tower of Hanoi	1,83
Monster (Move Problem)	13,95
Monster (Change Problem)	29,39

Diese Ergebnisse waren Ausgangspunkt für die Frage nach den Ursachen für das Zustandekommen dieser unterschiedlichen Schwierigkeitsgrade. Zur Klärung dieser Frage wurden mehrere Experimente durchgeführt, in denen KOTOVSKY et al. (1985) folgende Ergebnisse fanden (auf Grund der vielen Experimente an dieser Stelle nur eine kurze verbale Wiedergabe der wesentlich umfangreicheren Untersuchungsergebnisse):

---

[1]Inhalt der "Monster Probleme" ist die Existenz von drei verschieden großen Monster (klein, mittel, groß), die drei verschieden große Kristallkugeln halten. Beim "Monster Move Problem" müssen diese Kugeln unter Beachtung der problemspezifischen Bedingungen (immer nur eine Kugel darf übertragen werden; ein Monster, das zwei Kugeln hält darf nur die größere der beiden Kugeln abgeben; eine Kugel darf nicht zu einem Monster übertragen werden, daß bereits eine größere Kugel als die zu übertragende Kugel in der Hand hält) untereinander solange ausgetauscht werden, bis die Monster die Kugeln halten, die ihrer jeweiligen Größe entsprechen. Beim "Monster Change Problem" muß die Größe der einzelnen Kugeln - wiederum unter Beachtung einschränkender Bedingungen - verändert werden, solange bis die Monster die Kugeln halten, die ihrer jeweiligen Größe entsprechen.

1. Der Schwierigkeitsgrad der zu lösenden Aufgaben wird sehr stark durch das Verständnis und die Anwendung der Problemlöseregeln beeinflußt. Es erfordert mehr Arbeitsgedächtniskapazität, die Regeln für ein Veränderungsproblem (Monster Change Problem) aufzunehmen, bewußtzuhalten und anzuwenden als die Regeln für ein Bewegungsproblem (Turm-von-Hanoi, Monster Move Problem). Daneben können Problemlöseregeln, die sehr stark an die Alltagssprache angelehnt sind, leichter verinnerlicht und angewendet werden als Regeln die nur sehr abstrakt formuliert sind. Desweiteren kann auch intensives Training der Anwendung der Problemregeln die Lösung des Problems erleichtern.
2. Der Schwierigkeitsgrad der zu lösenden Aufgabe wird ebenfalls durch das Vorhandensein externer Gedächtnishilfen beeinflußt. Bei der Lösung des Turm-von-Hanoi Problems sind externe Gedächtnishilfen in Form der umzustapelnden Scheiben vorhanden (Arbeitsgedächtnis**ent**lastung), bei den Monster Problemen nicht. Gab man den Versuchspersonen zur Lösung der Monster Probleme externe Gedächtnishilfen (im vorliegenden Fall waren das verschiedene Monster aus Pappe, die den Versuchspersonen als Hilfsmittel zur Verfügung gestellt wurden) verkürzte sich die Lösungszeit signifikant, die Lösung der Monster Probleme wurde spürbar erleichtert.
3. KOTOVSKY et al. konnten bei den Versuchspersonen, die die Monster Probleme zu lösen hatten, ein charakteristisches Problemlöseverhalten beobachten, welches folgendes Aussehen hatte: Zunächst verbrauchten die Versuchspersonen den größten Teil der Gesamtlösungszeit für ein weitgehend zielloses Explorationsverhalten (exploraty phase). Schließlich änderte sich das, und die Versuchspersonen schafften es, in einer relativ kurzen Zeit (15 % der Gesamtlösungszeit) auf dem richtigen Lösungsweg den zu erreichenden Endzustand herzustellen (final path phase). Die ziellosen und fehlerhaften Problemlöseschritte in der Explorationsphase konnten selbst bei der Gabe eines Hinweises über die richtige Richtung zur optimalen Problembearbeitung bei der Lösung der komplizierteren Monster Problems beobachtet werden, bei der Lösung des Turm-von-Hanoi Problems dagegen führte der Hinweis über die richtige Richtung zu einer Leistungsverbesserung.

Aus diesen eben kurz dargestellten Ergebnissen schlußfolgerten KOTOVSKY et al. (1985), daß die Ursachen für die unterschiedlichen Schwierigkeitsgrade der eingangs genannten Probleme in der Art der Arbeitsgedächtnisbelastung liegen: Sind die Problemregeln sehr leicht intern abzubilden, weil diese leicht erlernbar sind, und können diese Regeln relativ einfach auf das zu lösende Problem übertragen werden (siehe Punkt 1), liegen zusätzlich zur Entlastung des Arbeitsgedächtnisses externe Gedächtnishilfen vor (siehe Punkt 2), so kann die Lösung des Problems sehr gut geplant werden und demzufolge auch effektiv gelöst werden. Sind die Problemregeln dagegen nur sehr schwer zu verinnerlichen und auf das zu bearbeitende Problem anzuwenden, und liegen daneben auch keine externen Gedächtnishilfen vor, dann sind laut KOTOVSKY et al. die Versuchspersonen nicht in der Lage einen Lösungsplan zu entwickeln, weil bereits die Vergegenwärtigung der problemimmanenten Bedingungen das Arbeitsgedächtnis so stark belastet, daß kein anwendbarer Handlungsplan entwickelt werden kann. "The problem solver has a sharply limited amount of processing capacity that is easily overloaded by the memory requirements of unfamiliar problem rules. This overlaod prevents even minimal amounts of necessary planning from occuring" (KOTOVSKY et al. 1985, S. 292, Hervorhebung von B.W.). Die Lösung des Problems kann laut KOTOVSKY et al. (1985) in diesem Fall nur durch das unter Punkt 3 beschriebene ziellose und ungeplante Explorationsverhalten gefunden werden. Die ziellosen und fehlerhaften Problemlöseschritte in der Explorationsphase entstehen durch die zu hohe Arbeitsgedächtnisbelastung, die wiederum durch die komplizierten Problemlöseregeln hervorgerufen wird, selbst der Hinweis über die richtige Richtung zur optimalen Problembearbeitung führt bei den komplizierteren Monster Problemen nicht zu einer geplanten Vorgehensweise und damit zu einer spürbaren Leistungsverbesserung. "The finding that they can utilize a hint if memory load is low (Tower problem) but not when memory load is high (Monster Move or Change problems) is evidence for the ... explanation: that the subjects lack the ability to plan..." (KOTOVSKY et al. 1985, S. 285).

Die eben dargelegte Interpretation ist zunächst sehr einleuchtend. Bei geringer Arbeitsgedächtnisbelastung durch deklarative Informationen (wie zum Beispiel die Lösungsbedingungen eines Problems) ist es einer Person sehr gut möglich, auf den verinnerlichten und gespeicherten Informationen aufbauend, einen Handlungsplan zu entwickeln. Kommt es dagegen zu einer sehr starken Beanspruchung der Speicherfunktion des Arbeitsgedächtnisses mit deklarativen Informationen, scheint dies die Informationsverarbeitungskomponenten des Arbeitsgedächtnisses und damit die Planungsfähigkeit des Menschen zu stören: Planung ist dann nur noch begrenzt oder überhaupt nicht mehr möglich.

Diese Argumentation ist allerdings umstritten. So konnte in einer Unter-

suchung von KLAUER (1992) gezeigt werden, daß durch eine zu hohe Arbeitsgedächtnisbelastung ebenfalls die Speicherkomponenten des Arbeitsgedächtnisses und nicht wie bei KOTOVSKY et al. (1985) behauptet, ausschließlich die Verarbeitungskomponenenten des Arbeitsgedächtnisses beeinträchtigt werden.

In dieser Untersuchung (KLAUER 1992) wurde ebenfalls das Turm-von-Hanoi Problem in der 3-Scheiben Version sowie die beiden, bereits oben besprochenen Monster Probleme verwendet, wobei allerdings der Ausgangszustand und der herzustellende Endzustand der Monster Probleme leicht modifiziert wurde. Die insgesamt 160 Versuchspersonen wurden in zwei Gruppen eingeteilt, die eine Hälfte hatte das Turm-von-Hanoi Problem zu lösen, die zweite Gruppe mußte die Monster Probleme zweimal lösen, wobei im ersten Durchgang den Versuchspersonen keine Fehlerrückmeldung gegeben wurde, im zweiten Durchgang dafür jeder Fehler sofort rückgemeldet wurde.

Zunächst fand KLAUER (1992) in dem Versuchsdurchgang *mit Fehlerrückmeldung* das bereits bei KOTOVSKY et al. (1985) beschriebene ziellose und ungeplante Explorationsverhalten (exploratory phase) mit der daran sich anschließenden kurzen "Zielerreichungsphase" (final path phase).

Zu anderen Beobachtungen kam er allerdings bei der Auswertung der Ergebnisse des Versuchsdurchgangs, in dem *keine Fehler rückgemeldet* wurden. Hier konnte KLAUER nicht das oben beschriebene ziellose und ungeplante Explorationsverhalten beobachten. Stattdessen versuchten die Versuchspersonen, durch eine zielgerichtete und geplante Vorgehensweise, den zu erreichenden Zielzustand herzustellen. Dabei wurden allerdings bei der Lösung der Monster Probleme zumeist eine der Problemlöseregeln verletzt, was darin zum Ausdruck kam, daß zur Problemlösung unerlaubte Züge durchgeführt wurden. "Most subjects solving a *Monster* problem and executed optimal or slightly suboptimal solutions from simplified problem spaces ... that contained illegal moves" (KLAUER 1992, S.17).

Aus diesen Ergebnissen schlußfolgerte KLAUER, daß die Versuchspersonen auch bei einer hohen Arbeitsgedächtnisbelastung durchaus in der Lage sind, einen Handlungsplan zu entwickeln, wobei aber dieser erhöhte Informationsverarbeitungsaufwand zu Lasten der Speicherkomponenten des Arbeitsgedächtnisses gehen kann, der sich in dem Vergessen und der Nichtanwendung der Pro-

blemlöseregeln zeigt. "The present research provided evidence for one particular resource allocation strategy in problem solving when cognitive load is high: Subjects focused on maintaining a demanding problem solving strategy involving mental-look ahead, while simultaneously the subjective representation of the problem suffered and became inadequate" (KLAUER 1992, S.27).

Zusammenfassend läßt sich demnach das Fazit ziehen, daß es bei einer zu großen Arbeitsgedächtnisbelastung nicht zwangsläufig zu dem bei KOTOVSKY et al. (1985) beschriebenen Verlust der Planungsfähigeit kommen muß. Stattdessen ist es durchaus möglich, daß auch bei hoher Arbeitsgedächtnisbelastung ein Handlungsplan entwickelt wird, wobei allerdings dieser Handlungsplan fehlerhaft sein kann, weil den deklarativen Informationen (Befolgung der problemimmanenten Bedingungen) weniger Beachtung geschenkt wird (KLAUER 1992). Daneben muß an die Darlegungen des Kapitels 4.2. der vorliegenden Arbeit erinnert werden, in dem gezeigt wurde, daß Aufgaben, die die individuelle Verarbeitungskapazität des Menschen und damit sein Arbeitsgedächtnis überlasten, durch die Anwendung verschiedener Formen der Handlungsplanung trotzdem planvoll abgearbeitet werden können.

6.2. Neuropyhsiologische Befunde

Folgendes kann man aus dem bisher Gesagten zusammenfassen: Verschiedene, zum Teil oben näher dargestellte experimentalpsychologische Untersuchungen legen die Vermutung nahe, daß das Arbeitsgedächtnis die entscheidende kognitive Struktur ist, in der individuelle Handlungspläne entwickelt werden - das Arbeitsgedächtnis scheint der "Ort" des Planungsverhaltens zu sein. Neben diesen experimentalpsychologischen Befunden wird auch innerhalb der Neurophysiologie bzw. Neuropsychologie versucht, die für die Handlungsplanung verantwortlichen kognitiven Strukturen bzw. Hirnareale zu lokalisieren. Auch hier wird also nach dem "Ort" des individuellen Planungsverhaltens gefragt.

Betrachtet man die mit dieser Fragestellung in Zusammenhang stehende Forschungsliteratur, so zeigt sich, daß die meisten Autoren, die sich mit dieser Thematik beschäftigen (LURIA 1966, 1973; BERNSTEIN 1961, 1975; PRIBRAM 1973, 1987; SHALLICE 1982, 1988; KARNATH 1991) davon ausgehen, daß der präfrontale Cortex für den Prozeß der Handlungsplanung eine entscheidende Bedeutung besitzt. Diese Ansicht stammt in erster Linie aus klinischen Fallbeschreibungen von Patienten, bei denen eine Schädigung der verschiedenen Bereiche des präfrontalen Cortex festgestellt wurde, sowie aus experimentellen Untersuchungen, in denen das Planungsverhalten von hirngesunden Personen mit dem Planungsverhalten von frontalhirngeschädigten Patienten verglichen wurde.

So beobachtete beispielsweise LURIA (1973) bei Patienten mit Frontalhirnläsionen, den Verlust der Fähigkeit vor der Lösung einer Konstruktionsaufgabe zunächst diese Aufgabe zu analysieren. Diese Patienten begannen sofort, dem ersten Impuls unvermittelt nachgebend mit dem Versuch, die Aufgabe durch praktisches Handeln zu lösen.

Zu ähnlichen Ergebnissen kam KARNATH (1991) in einer erst kürzlich vorgelegten Untersuchung.

In dieser Untersuchung hatten insgesamt 48 Patienten mit frontalen (medialen, lateralen) und retrorolandischen (parietalen, temporalen) Läsionen sowie hirngesunde Versuchspersonen die Aufgabe, eine Labyrinthaufgabe zu lösen. Das Labyrinth wurde auf einem Computer dargeboten, wobei immer nur ein Teil des Labyrinthes einzusehen war. Die Versuchspersonen konnten niemals das Labyrinth als Ganzes erfassen, sie waren dadurch gezwungen, eine interne Repräsentation aufzubauen, auf deren Basis dann ein Handlungsplan zur Lösung der Aufgabe entwickelt werden konnte.

KARNATH (1991) fand, daß die Entscheidungszeit für die Richtungswahlen bei den Patienten mit akuten frontalen und retrorolandischen Läsionen kürzer war als bei den hirngesunden Versuchspersonen. Daneben fand KARNATH auch Unterschiede in der Qualität der eingeschlagenen Wege: Die Patienten mit frontomedialen Hirnschädigungen wählten signifikant häufiger eine falsche Richtung als die hirngesunden Versuchspersonen.

Schädigungen des Frontalhirns scheinen demnach nicht nur eine Verkürzung der Planungszeit hervorzurufen, sondern auch die Qualität der innerhalb dieser Planungszeit ablaufenden kognitiven Prozesse wird offenbar durch Schädigungen des Frontalhirns negativ beeinflußt. So interpretierte KARNATH die von ihm gefundenen Ergebnisse als Beweis für die Tatsache, "...daß bei Patienten mit frontomedialen Hirnschädigungen die Bildung von Erwartungen in Nicht-Routinesituationen gegenüber den Vergleichsgruppen schlechter oder einfach unterschiedlich verläuft und so zu einem anderen strategischen, intuitiven Verhalten bzw. anderen antizipatorischen Entscheidungen führt" (KARNATH 1991, S. 21). Hinweise für die Richtigkeit dieser Vermutung kommen auch aus einer Untersuchung von SHALLICE (1982).

Dieser Autor untersuchte insgesamt 61 Patienten mit unterschiedlich lokalisierten Hirnläsionen sowie 20 hirngesunde Versuchspersonen. Die untersuchten Personen hatten die Aufgabe, das Tower-of-London Problem zu lösen, eine dem Turm-von-Hanoi verwandte Aufgabe, zu deren optimaler Lösung in ganz besonderer Weise die Planung zukünftiger Handlungsschritte erforderlich ist (siehe dazu auch Kapitel 9 der vorliegenden Arbeit).

SHALLICE (1982) fand besonders bei den Patienten mit linksfrontalen Läsionen starke Leistungsdefizite, woraus er schlußfolgerte, daß bei diesen Patienten die Planungsfähigkeit (bei ihm beschrieben durch das von ihm postulierte "Supervisory Attentional System") gestört ist.

Abschließend soll noch erwähnt werden, daß durch eine Schädigung von Frontalhirnbereichen nicht nur die Fähigkeit zum Entwurf von Handlungsplänen gestört zu sein scheint, sondern diese Symptomatik bewirkt offenbar auch eine Verschlechterung der Fähigkeit zur genauen Abarbeitung eines Handlungsplanes. Hinweise dafür stammen aus Untersuchungen von LURIA (1960, 1967), der bei Patienten mit präfrontalen Läsionen einen Verlust der Verhaltenskontrolle durch den Vergleich eines intendierten Planes mit der darauf basierenden Handlung feststellen konnte. Auch KARNATH (1991) vertritt die Ansicht, daß der präfrontale Cortex bei der Abarbeitung eines Handlungsplanes eine wichtige Rolle spielt: "Eine weitere Funktion des präfrontalen Cortex wurde...übereinstimmend in der Handlungskontrolle gesehen. Dieser Prozeß wird als ein fortwährender Vergleich der aktuellen Handlung mit dem Handlungsplan betrachtet" (KARNATH 1991, S. 19).

6.3. Zusammenfassung

Verschiedene experimentalpsychologische Untersuchungen legen die Vermutung nahe, daß das Arbeitsgedächtnis diejenige kognitive Struktur ist, in der individuelle Planungsprozesse realisiert werden. Überlastungen der Kapazität dieses Arbeitsgedächtnisses führen demnach nachgewiesenermaßen auch zu einer Störung der Qualität individueller Handlungspläne. Bereits hier sei darauf hingewiesen, daß in eigenen noch darzustellenden Untersuchungen (ab Kapitel 9), die Funktion des Arbeitsgedächtnisses für das individuelle Planungsverhalten noch genauer geklärt werden soll.

Betrachtet man das individuelle Planungsverhalten aus neurophysiologischer Sicht, so scheint festzustehen, daß individuelle Planungsprozesse in erster Linie im präfrontalen Cortex realisiert werden.

7. Ab wann wird geplant? - Entwicklungspsychologische Aspekte der Planungsfähigkeit

Betrachtet man die verschiedenen existierenden experimentalpsychologischen Untersuchungen zum individuellen Planungsverhalten, so fällt auf, daß besonders viele Arbeiten zu dieser Thematik aus dem entwicklungspsychologischen Bereich stammen (siehe dazu beispielsweise FRIEDMANN, SCHOLNICK & COCKING 1987). Nachfolgend sollen einige dieser Arbeiten näher vorgestellt werden. Dabei wird zunächst auf Untersuchungen eingegangen, die der Entwicklung der verschiedenen, zur Planung notwendiger Teilleistungen nachgehen.

7.1. Die Entwicklung der Fähigkeit zur Antizipation von Handlungsschritten

Die Fähigkeit zur Antizipation von einzelnen Handlungsschritten zählt zu den wichtigsten Grundvoraussetzungen, die zum Entwerfen von individuellen Handlungsplänen erforderlich sind. Demzufolge liegt ein Schwerpunkt der entwicklungspsychologisch orientierten Planungsforschung in der Klärung der Frage, von welcher Altersstufe an, diese spezifische Fähigkeit zu beobachten ist.

Erste Ansätze zur genaueren Untersuchung dieser Problematik stammen bereits von PIAGET (1976), der Kinder bei der Lösung des Turm-von-Hanoi Problems beobachtete. PIAGET fand, daß die Kinder die jünger als 7 bis 8 Jahre waren, nicht im voraus angeben konnten, wie die einzelnen Scheiben des Turm-von-Hanoi Paradigmas zu bewegen sind. Demgegenüber stehen Befunde von KLAHR (1978), der bei einer ähnlichen Versuchsanordnung bereits bei vierjährigen Kindern erste antizipierte Planungsschritte beobachten konnte.

Eine neuere Untersuchung dieser Problemstellung stammt von KLUWE & MODROW (1988).

In dieser Untersuchung hatten insgesamt 246 Kinder im Alter von 4 bis 7 Jahren die Aufgabe, verschiedene Materialien von einem Startpunkt ausgehend zu einem festgelegtem Ziel zu transportieren. Dabei stand den Kindern ein Stadtplan zur Verfügung. Die Kinder wurden instruiert, laut darüber nachzudenken, wie am besten die Aufgabe zu lösen sei (unspezifische Instruktion zur Planung). Von den Autoren wurde erfaßt, welche Materialien die Kinder in welcher Reihenfolge transportierten, daneben wurde erfaßt, ob die Kinder Zwischenziele verbalisierten. Desweiteren protokollierten KLUWE & MODROW den tatsächlich realisierten Lösungsweg.

Hinsichtlich der verbalisierten Lösungsschritte fanden KLUWE & MODROW die in Abbildung 8 dargestellte Charakteristik. Mit zunehmendem Alter verbesserte sich kontinuierlich die Fähigkeit, zur gedanklichen Vorwegnahme von einzelnen Handlungsschritten. Während die vierjährigen Kinder im Durchschnitt einen Lösungsschritt im voraus angeben konnten, waren die siebenjährigen Kinder in der Lage im Mittel zwei Lösungsschritte im voraus anzugeben.

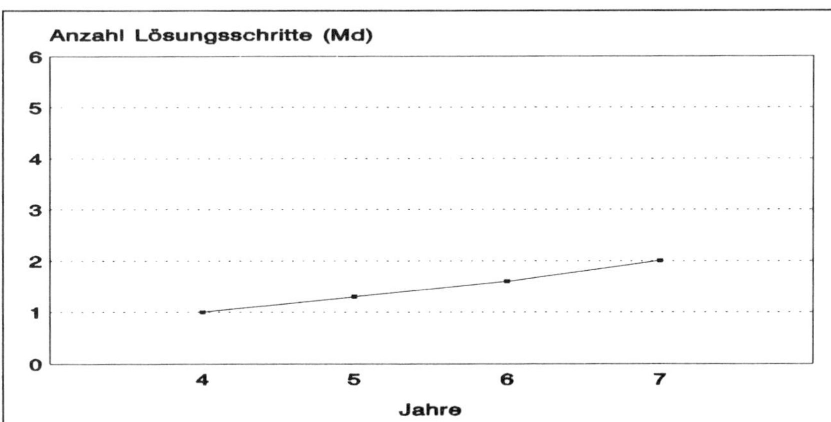

Abb. 8: Mittlere Anzahl der verbalisierten Lösungsschritte in Abhängigkeit vom Alter. (aus KLUWE & MODROW: Planen und Reflexion im Problemlöseverhalten vier- bis siebenjähriger Kinder. 1988, S. 174).

Zu vergleichbaren Ergebnissen kamen MAY, SCHULZ & SYDOW (1992) in einer ähnlichen Untersuchung, in der ebenfalls der Entwicklung der Fähigkeit zur gedanklichen Antizipation von Handlungsschritten nachgegangen wurde.

Dazu entwickelte MAY et al. die nachfolgend beschriebene Versuchsanordnung. Auf einem Stadtplan war ein Wohngebiet dargestellt, daß aus mehreren Häusern und Straßen bestand. An allen möglichen Verzweigungspunkten befanden sich verschiedene Symbole, so daß ein bestimmter Weg durch die Abfolge der Symbole genau beschrieben werden konnte. Mit Hilfe dieser Versuchsanordnung konnten zwei Aufgaben realisiert werden. Zum einen war es möglich, den Kindern eine Symbolfolge vorzugeben, mit deren Hilfe die Kinder einen bestimmten Weg abzuarbeiten hatten (Abarbeiten eines Planes). Daneben bestand die Möglichkeit, den Kindern einen Startpunkt und einen Zielpunkt vorzugeben, und sie danach aufzufordern, durch das Aneinanderreihen der Symbole einen Weg durch das Straßennetz zu finden (Entwerfen eines Planes).

Untersucht wurden insgesamt 60 fünfjährige Kinder; davon mußten 30 Kinder am Computer arbeiten, den anderen 30 Kindern stand ein Spielplan zur Verfügung. Diese Gruppen wurden nochmals geteilt, so daß in jeder Gruppe (Computer vs. Spielplan) jeweils 15 Kinder einen Plan abzuarbeiten hatten und die anderen 15 Kinder in der jeweiligen Gruppe einen Plan zu entwerfen hatten. Zur Lösung einer Aufgabengruppe mußten vier Lösungsschritten richtig ausgeführt werden, eine weitere Aufgabengruppe bestand aus acht Lösungsschritten.

Die Ergebnisse sind in Tabelle 3 dargestellt. Ungeachtet der Unterschiede zwischen der Computer- und Spielplanvariante zeigte sich, daß die Kinder durchschnittlich ein bis zwei Schritte im voraus planen konnten. Dabei fiel es den Kinder offenbar leichter, einen Plan abzuarbeiten als einen Plan zu entwerfen; es konnten im Durchschnitt zwei bis vier Schritte richtig abgearbeitet werden.

TABELLE 3

Mittlere Anzahl richtiger Lösungsschritte bis zum ersten Fehler. (aus MAY et al.: Zur Planungsfähigkeit im Alter von drei bis fünf Jahren. 1992, S. 231).

		4 Schritte	8 Schritte
Computer	Abarbeiten	2,73	3,69
	Generieren	0,73	1,69
Spielplan	Abarbeiten	2,90	4,14
	Generieren	2,27	2,38

Schließlich noch eine weitere Studie, in der die gleiche Problematik mit einer etwas anderen Methodik untersucht wurde.

In dieser Studie wurden von BÖHM (1985) insgesamt 312 Kinder in sechs verschiedenen Altersgruppen untersucht (52 Kinder pro Versuchsgruppe). Die jüngste Altersgruppe besuchte zum Untersuchungszeitpunkt die Vorschule (Altersdurchschnitt: 4 bis 5 Jahre), der ältesten Gruppe wurden Kinder der 4. Klassenstufe zugeordnet (Altersdurchschnitt: 10 Jahre). Die Kinder hatten die Aufgabe, für unterschiedlich schwierige "Halma-Spiel"[2] Stellungen die jeweils richtigen Züge zu finden. Dabei wurde die Schwierigkeit durch die jeweilige Anzahl der zur richtigen Lösung notwendigerweise zu antizipierenden Schrittfolgen (diese differierte zwischen zwei bis sechs zu antizipierenden Zügen) sowie durch die jeweilige Anzahl überhaupt möglicher Schrittfolgen beeinflußt.

TABELLE 4

Verhältnis der richtig gelösten Aufgaben (Optimum = 10,0) in Abhängigkeit vom Alter, bis auf den Unterschied zwischen 2. und 3. Klasse sämtliche Unterschiede signifikant bei $p < 0.05$. (aus BÖHM: Die Entwicklung der Antizipation von Handlungssequenzen. 1985).

Alter	*Richtige Lösungen*
4. Klasse	8,20
3. Klasse	6,46
2. Klasse	6,39
ältere Vorschulkinder	5,41
1. Klasse	4,59
jüngere Vorschulkinder	3,33

---

[2]Beim "Halma" Spiel besteht die Aufgabe der Mitspieler darin, so schnell wie möglich eine bestimmte Anzahl von Spielfiguren vom eigenen Ausgangspunkt in die Startposition des Mitspielers zu bringen. Jeder Spieler darf abwechselnd eine Spielfigur bewegen, wobei es erlaubt ist eigene und gegnerische Spielfiguren zu überspringen. Das Spiel erfordert die nachfolgend aufgelisteten Teilleistungen und kann deshalb als echtes "Planungsspiel" bezeichnet werden.

1. Ermittlung des kürzesten Weges
2. Antizipation der Wegwahl des Partners
3. Antizipation von Zugsequenzen zur Ermittlung des möglichen Vor- oder Nachteils durch Überspringen einzelne Spielsteine

Erfaßt wurde zunächst die Anzahl richtiger Lösungen (siehe Tabelle 4). Es zeigte sich, daß die Kinder mit zunehmendem Alter auch häufiger die richtigen Lösungen für die verschiedenen Spiel- Konstellationen finden konnten. Da zur richtigen Lösung der verwendeten Versuchsaufgabe in erster Linie die Fähigkeit zur Antizipation von einzelnen Schrittfolgen erforderlich ist, schlußfolgerte BÖHM (1985), daß die Fähigkeit zur Antizipation von Handlungsschritten mit zunehmendem Alter sich verbessert.

Neben dieser eher quantitativen Auswertung der Antizipationsfähigkeit untersuchte BÖHM desweiteren die Antizipationsfähigkeit ("Antizipationsmethoden") in qualitativer Hinsicht, indem er die Kinder nach ihrer Vorgehensweise befragte. Dabei unterschied er die folgenden Vorgehensweisen:

"1. Keine oder ungeeignete Antizipationsmethoden (zufallsbedingte Strategien)...
2. Unvollständige Antizipation auf perzeptiver und/oder kognitiver Grundlage, die sich nur am Gesichtspunkt Weglänge (Zahl der Züge bis zum Ziel) orientiert...
3. Antizipation durch probeweise praktische Ausführung bzw. Andeutung der eigenen und der Züge des Partners...
4. Antizipation durch vollständige gedankliche Ausführung von eigenen und Partnerzügen (Schritt-für-Schritt-Antizipation)...
5. Verkürzte Antizipation auf perzeptiver und kognitiver Grundlage, die sich am wesentlichen Kriterium Übersprung und meist zusätzlich an der Weglänge orientiert" (S.97).

TABELLE 5

Häufigkeit der verwendeten Antizipationsmethoden (Beschreibung im Text) in Abhängigkeit vom Alter, Angaben in Prozent. (nach BÖHM: Die Entwicklung der Antizipation von Handlungssequenzen. 1985, S. 98).

Antizipationsmethode (Erläuterung im Text)	*jüngere Vorschulkinder*	*ältere Vorschulkinder*	*1.Klasse*	*2.Klasse*	*3.Klasse*	*4.Klasse*
1.	55,89	31,39	31,39	20,60	17,62	6,14
2.	33,31	43,11	47,52	40,38	41,81	29,71
3.	1,86	3,91	3,22	3,72	5,15	2,85
4.	1,18	4,41	6,45	16,38	16,94	34,86
5.	7,75	17,18	10,92	18,92	18,48	26,43

Die Auswertung der erfaßten Daten findet sich in Tabelle 5. Deutlich kann man erkennen, daß mit zunehmendem Alter die Verwendung zufallsbedingter Strategien durch die Anwendung qualitativ hochwertigerer Antizipationsmethoden ersetzt wird: Während die jüngsten Kinder prozentual am häufigsten keine oder nur ungeeignete Antizipationsmethoden verwenden, nutzen die ältesten Kinder am häufigsten die Antizipation der vollständigen gedanklichen Ausführung von eigenen und Partnerzügen. Kinder sind demnach mit zunehmendem Alter nicht nur in der Lage eine größere Anzahl von Handlungsschritten im voraus anzugeben, sie verwenden auch spontan häufiger qualitativ hochwertigere Antizipationsmethoden.

Es läßt sich somit zunächst zusammenfassen, daß Kinder offenbar bereits mit 4 bis 5 Jahren einzelne Lösungsschritte antizipieren können, wobei sich diese Fähigkeit in quantitativer und qualitativer Hinsicht mit zunehmenden Alter schrittweise verbessert.

7.2. Übereinstimmung zwischen Planung und Handlung

Ein weiteres wichtiges Anliegen der entwicklungspsychologisch orientierten Planungsforschung liegt in der Klärung der Frage, inwieweit Kinder in der Lage sind, einen einmal erstellten Plan tatsächlich in die Realität umzusetzen. Betrachtet man die oben dargestellten Ergebnisse der Untersuchung von MAY et al. (Tabelle 3, Abarbeiten eines Planes), so zeigt sich, daß fünfjährige Kinder bereits relativ gut einen vorgegebenen Plan abarbeiten können: Im Durchschnitt konnten zwei bis vier Handlungsschritte richtig abgearbeitet werden. Allerdings muß zu diesen Ergebnissen bemerkt werden, daß den Kindern der Plan extern vorgegeben war, eine interne kurzfristige Speicherung eines selbstentworfenen Planes war nicht erforderlich. Demzufolge muß gefragt werden, ob Kinder auch in der Lage sind, einen selbständig entwickelten Plan möglichst originalgetreu zu realisieren.

Diese Frage untersuchten KLUWE & MODROW (1988) mit der bereits oben kurz beschriebenen Versuchsanordnung. Sie verglichen die erfaßten Verbalaussagen während des Planens mit dem tatsächlichen Problemlöseverhalten der Kinder.

KLUWE & MODROW (1988) fanden, daß die Übereinstimmung zwischen dem selbstentwickelten Plan und dem tatsächlichen Problemlöseverhalten nur mittelmäßig war. Lediglich 38% der Kinder nahmen in der Startphase der Problembearbeitung die gleichen Materialien mit, die sie ursprünglich beim vorherigen Verbalisieren des Planes transportieren wollten. Hinsichtlich des ersten verbalisierten Zwischenzieles stimmten 64,4% der Verbalaussagen mit dem tatsächlichen Verlauf des Transportes überein. Aufgrund dieser Ergebnisse kommen MODROW & KLUWE zu dem Schluß, daß innerhalb der untersuchten Stichprobe (4-7 Jahre), "...unabhängig vom Alter, nur eine lose Verbindung zwischen Planen und konkreter Lösungsaktivität besteht" (1988, S.180).

7.3. Die Entwicklung der Planungsfähigkeit von Kindern in seiner Gesamtheit

Inerhalb der vorliegenden Arbeit wurde schon mehrfach darauf hingewiesen, daß es ich bei der individuellen Handlungsplanung um einen komplexen Prozeß handelt, der die unterschiedlichsten kognitiven Teilleistungen erfordert. Will man nun die Fähigkeit zur Handlungsplanung unter entwicklungspsychologischen Aspekt möglichst umfassend untersuchen, so reicht es demnach nicht aus, lediglich die in den beiden vorangegangenen Kapiteln besprochene Fähigkeit zur Antizipation einzelner Handlungssequenzen sowie die Übereinstimmung zwischen Plan und Handlung zu betrachten. Notwendig sind zusätzlich (bzw. ergänzend zu den in den vorangegangenen Kapiteln dargestellten Befunden) Untersuchungen, in denen der Entwicklung der Planungsfähigkeit in seiner Gesamtheit nachgegangen wird.

Diesem Gedankengang folgt die nachfolgend näher dargestellte Studie von HASDORF (1977).

Die in dieser Studie untersuchte Stichprobe setzte sich aus 46 Kindern im Alter von 5,8 bis 6,6 Jahren sowie aus 14 jüngeren Kindern (Altersdurchschnitt 5,5 Jahre) zusammen. Diese Kinder hatten u.a. die Aufgabe, eine Konstruktionsproblem zu lösen, bei der unter Zuhilfenahme spezieller Bausteine eine Brücke über einen fiktiven Fluß errichtet werden sollte, um ein Auto darüber zu transportieren. Folgende Anforderungen hatten dabei die Kinder zu bewältigen:

1. Es war die Lösungsidee zu finden
2. Es mußte eine den Aufgabenbedingungen entsprechende Zielantizipation gefunden werden: Pfeiler, Fahrbahn, auf jeder Seite Auf- und Abfahrt
3. Planung der Lösungsbedingungen mit folgenden Schritten: Pfeiler bauen, Fahrbahn darüber legen, Auf- und Abfahrt anbauen, Ergebnis kontrollieren
4. Zielstrebige Durchführung der Handlung nach dem vorher entwickelten Plan
5. Einschätzung des Ergebnisses

Die verbalen Äußerungen der Kinder sowie die tatsächlich vollzogenen Handlungen wurden mit Hilfe von Schätzskalen unter Beachtung der Parameter "Vollständigkeit", "logische Folge" sowie "Selbständigkeit" eingeschätzt.

Die von HASDORF gefundenen Ergebnisse sind in Tabelle 6 dargestellt. Deutlich kann man erkennen, daß die älteren Kinder, die Gesamtaufgabe in einer besseren Qualität lösen konnten. Unterschiede gab es aber auch hinsichtlich einzelner Teilleistungen, wobei besonders die Unterschiede hinsichtlich der Teilleistung "Handlungsplanung" auffallen: Die älteren Kinder konnten qualitativ hochwertigere Pläne erstellen als die jüngeren Kinder.

TABELLE 6

Vergleich der Lösungsqualität bei der Bearbeitung einer Konstruktionsaufgabe hinsichtlich der Parameter "Vollständigkeit", "logische Folge" sowie "Selbständigkeit" (Angaben in Prozent). (aus HASDORF: Über selbständiges Handeln älterer Vorschulkinder. 1977, S. 322).

Teilaufgaben	mittlere Gruppe	ältere Gruppe	Differenz
Finden der Lösungsidee	71	69	n.s.
Zielantizipation	40	64	s. (5%)
Handlungsplanung (Wegantizipation)	17	46	s. (1%)
Durchführung der Lösungshandlung	43	67	s. (5%)
Kontrollhandlung	17	36	s. (5%)
Gesamtaufgabe	38	61	s. (1%)

Zusammenfassend kann man demnach aus der von HASDORF (1977) durchgeführten Studie zunächst ableiten, daß auch bei Betrachtung des Planungsprozesses in seiner Komplexität, sich bereits bei Kindern eine mit zunehmenden Alter zu beobachtende Verbesserung der individuellen Planungsfähigkeit bemerkbar macht. Diese entwicklungsbedingten Veränderungen werden durch die Verbesserung einzelner, zur Planung notwendiger Teilleistungen ermöglicht.

Eine Studie, in der ebenfalls die individuelle Planungsfähigkeit als ein aus verschiedenen Teilleistungen bestehender komplexer Informationsverarbeitungsprozeß betrachtet wird, stammt von DREHER & OERTER (1987). Im Unterschied zur eben dargestellten Studie von HASDORF (1977), der mit Vorschulkindern arbeitete, werden in der Arbeit von DREHER & OERTER (1987) entwicklungsbedingte Veränderungen der Planungsfähigkeit von Jugendlichen bzw. jungen Erwachsenen untersucht.

DREHER & OERTER (1987) untersuchten insgesamt 8 verschiedene Altersgruppen unterschiedlichen Bildungsgrades (siehe Tabelle 7).

TABELLE 7

Übersicht über die untersuchte Stichprobe. (aus DREHER & OERTER: Action planning competencies during adolescence and early adulthood. 1987, S.336).

	Al-			*ter*				
Schultyp	11;6	14;7	15;8	16;1	17;3	18-20	20-24	älter
Hauptschule	225	313	170	-	-	-	-	-
Realschule	-	459	120	35	-	-	-	-
Gymnasium	236	151	-	36	101	-	-	-
Berufsfachschule für Hauswirtschaft	-	-	-	41	38	-	-	-
Fachakademie für Sozialpädagogik	-	-	-	-	-	331	-	-
Fachhochschule Wirtschaft)	-	-	-	-	-	-	46	-
Universität	-	-	-	-	-	-	110	-
Abendrealschule	-	-	-	-	-	-	-	18

Als Versuchsaufgabe verwendeten die Autoren ein Planungsproblem, bei denen die Versuchspersonen auf der Grundlage eines zur Verfügung stehenden Stadtplanes, verschiedene Alltagsbesorgungen (z.B. Einkauf im Supermarkt, Geldabbuchung vornehmen) erledigen mußten. Zeitpunkt und Dauer einiger dieser Besorgungen waren vorgegeben. Die Versuchspersonen hatten die Aufgabe, einen möglichst effektiven Plan zur Erledigung dieser Alltagsbesorgungen zu erstellen. Dabei konnten Hilfsmittel verwendet werden (Nutzung eines Fahrrades zur Zeitverkürzung des Wege). Desweiteren war es möglich, einige dieser Aufgaben an eine Institution zu delegieren. Gewertet wurde die Einhaltung des zur Verfügung stehenden Zeitlimits, korrekte Lösungen sowie die Erleichterung der Aufgabe durch die Verwendung der Hilfsmittel "Fahrradbenutzung" sowie "Aufgabendelegierung". Die Aufgaben wurden als Einzeltest durchgeführt. Daneben wurden Gruppendiskussionen organisiert, in denen verschiedene Lösungsvarianten entwickelt und beurteilt wurden.

DREHER & OERTER (1987) fanden, daß der prozentuale Anteil der richtigen Lösungen, die das vorgegebene Zeitlimit nicht überschritten mit zunehmenden Alter und Bildungsstand zunahm (Tabelle 8). Daneben konnten sie feststellen, daß mit zunehmenden Alter und Bildungsstand auch die Qualität der Lösungen prozentual zunahm: Die älteren Versuchspersonen nutzten häufiger die Hilfsmittel "Fahrradbenutzung" und "Aufgabendelegierung". Damit in Zusammenhang stand das Ergebnis, daß die Anzahl der erwogenen Alternativen und daraus resultierenden Entscheidungen über den Ablauf der Aufgabenbearbeitungen, in den älteren Gruppen größer war als in den jüngeren Jahrgängen. Auch bei der Überprüfung der jeweils erwogenen Handlungsalternativen gab es Unterschiede: Die älteren Versuchspersonen testeten häufiger vorausschauend die einzelnen Alternativen, die jüngeren Versuchspersonen überprüften ihre Handlungsalternativen dagegen häufiger durch sofortiges praktisches Handeln.

Die von DREHER & OERTER (1987) ermittelten Daten zeigen demnach eindeutig, daß mit zunehmendem Alter die Qualität der Handlungspläne und der darauf basierenden Aufgabenlösungen zunimmt. Daraus schlußfolgerten die Autoren, daß sich auch die Planungsfähigkeit innerhalb der untersuchten Stichprobe mit zunehmendem Alter verbesserte. "...a higher developmental level of planning can be attributed to a subject's performance at a higher strategy and/or solution level" (DREHER & OERTER 1987, S. 349). Für die Richtigkeit dieser Schlußfolgerung sprechen aber nicht nur die höhere Qualität der auf den Handlungsplänen basierenden Lösungen, sondern auch die gefundenen Ergebnisse hinsichtlich der Anzahl der gefundenen Alternativen sowie die Art deren Überprüfung.

TABELLE 8

Prozentwerte der Lösungen im Zeitintervall (nach DREHER & OERTER: Planning competencies during adolescence. 1987, S. 338).

Alter	*11*	*14*	*15*	*16*	*17*	*18-20*	*20-24*	*Älter*
Hauptschule	39	55	55	-	-	-	-	-
Realschule	-	60	84	73	-	-	-	-
Gymnasium	49	81	-	67	81	-	-	-
Berufsfachschule für Hauswirtschaft	-	-	-	60	79	-	-	-
Fachakademie für Sozialpädagogik	-	-	-	-	-	83	-	-
Fachhochschule (Wirtschaft)	-	-	-	-	-	-	91	-
Universität	-	-	-	-	-	-	89	-
Abendrealschule	-	-	-	-	-	-	-	89
Mittelwert	45	63	70	67	80	83	90	89

Die von DREHER & OERTER (1987) an jugendlichen und jungen Erwachsenen ermittelten Daten unterstützen demnach den bereits in anderen Untersuchungen (siehe oben) beobachteten Trend: Die Entwicklung der individuellen Planungsfähigkeit scheint ein kontinuierlich verlaufender Prozeß zu sein, der ungefähr im 4. Lebensjahr beginnt und sich bis ins frühe Erwachsenenalter fortsetzt.

7.4. Der Einfluß von Interventionen auf die Entwicklung des individuellen Planungsverhalten

Faßt man die bisher dargestellten entwicklungspsychologischen Befunde zusammen, so zeigt sich, daß sich das individuelle Planungsverhalten mit zunehmendem Alter verbessert. Ein weiterer Schwerpunkt der entwicklungspsychologisch orientierten Planungsforschung liegt in der Klärung der Frage, inwieweit dieser Entwicklungsprozeß beeinflußt werden kann. Oder anders formuliert: Kann man durch pädagogische Interventionen das individuelle Planungsverhalten beeinflussen?

Diese Frage untersuchte beispielsweise HASDORF (1977) in der bereits oben vorgestellten Studie.

Dazu entwickelte HASDORF ein pädagogisches Übungsprogramm, das hauptsächlich die Herausbildung folgender Kenntnisse und Fähigkeiten zum Inhalt hatte:
"- Kenntnisse über Eigenschaften und Relationen des Materials in Verbindung mit der Ausbildung adäquat analytisch-synthetischer Operationen,
- Einsatz von Mitteln des Denkens (insbesondere der Sprache) und von Symbolen für die Handlungsschritte,
- Vermittlung einer allgemeinen Folge von Teilhandlungen zur selbständigen Lösung derartiger Aufgaben: Zielvorstellung, Handlungsausführung, Materialanalyse, praktisches Lösen, Kontrollhandlung,
- Gebrauch von Techniken des Konstruierens, die dem Material und den realen Vorbildern entsprechen" (HASDORF 1977, S. 321).

HASDORF fand, daß die Kinder, die das oben beschrieben pädagogische Übungsprogramm absolvierten, bessere Leistungen erbrachten als die Kinder der Kontrollgruppe. Dies galt besonders für die Teilleistungen "Handlungsplanung" und "Zielantizipation", wobei allerdings HASDORF dieses Ergebnis folgendermaßen einschränkte: "Dennoch erreichte auch in der Versuchsgruppe (gemeint sind die Kinder die das pädagogische Übungsprogramm absolvierten, B.W.) erst ein Teil der Kinder eine selbständige und vollständige Handlungsplanung und bewußte Durchführung. Um bei allen Kindern die angezielte Qualität auszubilden, wäre eine weitere zielstrebige pädagogische Arbeit erforderlich, vor alllem hinsichtlich der Handlungsplanung" (HASDORF 1977, S. 325).

Mit einer ähnlichen Problematik wie eben besprochen, beschäftigt sich auch eine Arbeit von KLUWE & MODROW (1988) die bereits weiter oben vorgestellt wurde (siehe Kapitel 7.1.). In dieser Untersuchung wurde der Frage nachgegangen, ob die alleinige Aufforderung zur planvollen Abarbeitung einer Aufgabe das Lösungsverhalten der Kinder verbessert. Daneben versuchten MODROW & KLUWE zu klären, ob durch das wiederholte Absolvieren der Versuchsaufgabe ein Übungseffekt hervorgerufen wird, der das Planungsverhalten der Kinder verbessert.

KLUWE & MODROW (1988) fanden, daß die alleinige Aufforderung zur planvollen Abarbeitung der Versuchsaufgabe, keinen Effekt auf das Lösungsverhalten der Kinder hatte. Die Aufforderung zur Planung führte weder zu einer größeren Weite der Vorausschau noch verbesserte es das konkrete Lösungsverhalten der Kinder. Ähnliches fanden MODROW & KLUWE bei der Überprüfung der Effekte der wiederholten Problembearbeitung: Auch hier zeigte sich, daß durch das wiederholte Bearbeiten der Aufgabe keine Verbesserung des Planungsverhaltens zu verzeichnen war.

Schließlich soll noch auf eine sehr umfangreiche, im amerikanischen Raum durchgeführte Untersuchung eingegangen werden, in der ebenfalls der Frage nachgegangen wurde, inwieweit eine pädagogische Einflußnahme das Planungsverhalten von älteren Kindern verändern kann. Grundlage dieser Untersuchungen war ein größeres Forschungsprojekt ("Productive Thinking Program"), in dem in erster Linie der Entwicklung von kognitiven Fähigkeiten nachgegangen wurde (COVINGTON, CRUTCHFIELD, DAVIES & OLTON 1965, 1967, 1972, 1974, 1987). Innerhalb dieses Projektes wurde ein "Planungs- und Kontrollschema" entwickelt, welches in Abbildung 9 zu sehen ist. Ausgehend von diesem "Planungs- und Kontrollschema" wurde innerhalb mehrerer Studien überprüft, ob die in diesem Schema gegebenen Handlungsanweisungen das Planungsverhalten von älteren Kindern beeinflussen.

1. Take time to reflect on a problem before you begin work. Decide exactly what is that you are trying to solve.
2. Get all the facts of the problem clearly in mind.
3. Work on the problem in a planful way.
4. Keep an open mind. Don't jump to conclusion about the answer to a problem.
5. Think of many ideas for solving a problem. Don't stop with just a few.
6. Try to think off unusual ideas.
7. As a way of getting ideas, pick out all the important objects and persons in the problem and think carefully about each one.
8. Think of several general possibilities for a solution and then figure out many particular ideas for each possibility.
9. As you search for ideas, let your mind freely explore things around you. Almost anything can suggest ideas for a solution.
10. Always check each idea with the facts to decide how likely the idea is.
11. If you get stuck on a problem, keep thinking. Don't be discouraged or give up.
12. When you run out of ideas, try looking at the problem in a new and different way.
13. Go back and review all the facts to decide how likely the idea is.
14. Start with an unlikely idea. Just suppose that it is possible, and then figure out how it could be.
15. Be on the lookout for odd or puzzling facts in a problem. Explaining them can lead you to new ideas for a solution.
16. When there are several different puzzling things in a problem, try to explain them with a single idea which will connect them all together.

Abb. 9: Das Planungs- und Kontrollschema des "Productive Thinking Project" (aus COVINGTON: Problem solving and planning. 1987, S. 488).

Dazu wurde den Kindern eine komplexe und ausgedehnte Aufgabe schrittweise dargeboten. An verschiedenen Punkten innerhalb der Aufgabe wurden die Schüler aufgefordert, aus einer Liste verschiedener Handlungsalternativen den ihrer Meinung nach besten nächsten Planungsschritt auszuwählen. Jede Liste enthielt einen *besten* Weg (kürzester und effektivster Weg zur Problemlösung), einen *zweitbesten* Weg (angemessen, aber nicht so effektiv wie der "beste" Weg), einen *widersprüchlichen* Weg (ein Weg, in dem eine problemimmanente Bedingung verletzt oder ignoriert wurde), einen *naheliegenden* Weg (einen Weg, der sehr attraktiv aussah, aber nicht zur Problemlösung führte) und schließlich einen Weg, der zum vorzeitigen Abbruch des Problems führt.

Untersucht wurden insgesamt 280 Schüler der fünften und sechsten Klassenstufe einer amerikanischen Schule. Die Gesamtpopulation wurde gesplittet. Einer Hälfte der Schüler wurde das oben dargestellte "Planungs- und Kontrollschema" durch praktische Übungsstunden verbunden mit Gruppendiskussionen (32 Stunden pro Klasse) vermittelt, wobei diese Übungslektionen innerhalb von zwei Wochen durchgeführt wurden. Die andere Hälfte der Schüler erhielt dagegen keine Trainingslektionen.

Es zeigte sich, daß die trainierten Schüler sehr gut in der Lage waren, der Spur des besten Handlungsweges zu folgen. Sie wählten signifikant häufiger den *besten* bzw. *zweitbesten* Weg als die nicht trainierten Schüler der Kontrollgruppe. Daraus konnte geschlußfolgert werden, daß die Vermittlung des "Planungs- und Kontrollschemas" ergänzt durch praktische Übungen das tatsächliche Planungsverhalten der Kinder veränderte: Die pädagogische Interventionen bewirkten eine nachweisbare Verbesserung das Planungsverhaltens der Kindern.

In einer auf dieser Studie basierenden Nachuntersuchung wurde die Wirkungsdauer des oben beschriebene Übungsprogrammes überprüft.

Dazu wurden die Schüler vier Monate nach der Durchführung des oben beschriebenen Trainingsprogrammes aufgefordert, verschiedene Handlungsschritte bzw. -alternativen zu benennen, welche Wissenschaftler zur Identifikation von ägyptischen Mumien vornehmen würden. Untersucht wurden jeweils zwei Klassen der fünften und sechsten Klassenstufe wobei wiederum die Hälfte der Schüler, ein vier Monate zurückliegendes Übungsprogramm absolvierten, die andere Hälfte der Schüler dagegen nicht. Auf der Grundlage von Expertenurteilen wurden die Effektivität der vorgeschlagenen Handlungsalternativen eingeschätzt.

Es zeigte sich, daß auch noch nach vier Monaten eine Wirkung des auf dem oben beschriebene "Planungs- und Kontrollschema" beruhenden pädagogischen Interventionsprogrammes signifikant nachweisbar war. Die trainierten Schüler produzierten effektivere Lösungen als die nicht trainierten Schüler. Pädagogische Interventionen können demnach offenbar auch längerfristig das Planungsverhalten von Kindern beeinflussen.

Abschließend sei noch erwähnt, daß nicht nur pädagogische Maßnahmen, sondern auch Sozialisierungseinflüsse das individuelle Planungsverhalten ändern können. Hinweise dafür stammen beispielsweise aus der bereits weiter oben erwähnten Studie von DREHER & OERTER (1987). "Results show different courses of development. University students seem to produce better strategies of planning... Subjects of the post-secondary school that trains housekeepers tend to produce solutions with low effort... Thus, in contrast to a one-directional developmental approach, a multidirectional description of development of planning seems to be appropriate. Socialization through education and vocational training channels individual development toward specific outcomes" (DREHER & OERTER 1987, S. 349).

7.5. Zusammenfassung

Aufgrund experimenteller Befunde kann man davon ausgehen, daß bereits sehr junge Kinder in der Lage sind, zukünftige Handlungsschritte zu antizipieren; während vierjährige Kinder einen Handlungsschritt im voraus angeben können, sind siebenjährige Kinder bereits in der Lage, zwei Handlungsschritte zu antizipieren. Die Entwicklung der Fähigkeit zur Antizipation einzelner Handlungsschritte ist eng verbunden mit der Fähigkeit zur Planung. Bereits fünf bis sechsjährige Kinder besitzen die Fähigkeit einen einfachen Handlungsplan zu entwickeln. Die Fähigkeit zur Planung entwickelt sich mit zunehmenden Alter kontinuierlich bis ins frühe Erwachsenenalter, wobei gezielte pädagogische Maßnahmen sowie Sozialisierungseinflüsse diese Entwicklung beeinflussen können.

8. Unterscheiden sich Menschen hinsichtlich ihres Planungsverhaltens? - Das Vorhandensein und die Diagnostik interindividueller Unterschiede des Planungsverhaltens

In den bisherigen Darlegungen wurde zum Teil schon mehrfach erwähnt, daß sich das Planungsverhalten von Menschen unterscheiden kann. Im folgenden Kapitel soll nun ganz speziell auf diese Thematik eingegangen werden, wobei dabei die Frage geklärt werden soll, hinsichtlich welcher Merkmale sich das Planungsverhalten von Personen unterscheiden könnte. Im Zusammenhang mit dieser Fragestellung soll auch dargelegt werden, wie man diese eventuell vorhandenen individuellen Unterschiede des Planungsverhaltens unter Zuhilfenahme psychodiagnostischer Verfahren diagnostizieren kann.

8.1. MUNZERT's Befragungsuntersuchung

Eine naheliegende Möglichkeit zur Analyse und Diagnostik eventuell vorhandener individueller Unterschiede im Planungsverhalten besteht darin, Menschen danach zu befragen, auf welche Art und Weise sie ihre Pläne erstellen. Diesem Gedankengang folgt eine Untersuchung von MUNZERT (1983).

Ausgangspunkt dieser Untersuchung war die Erarbeitung von insgesamt 16 Merkmalen, die möglicherweise geeignet sind, individuelle Unterschiede menschlichen Planungsverhalten aufzudecken. Bei der Erarbeitung dieser Merkmale stützte sich MUNZERT in erster Linie auf theoretische Grundannahmen von MILLER et al. (1960), VOLPERT (1975), WERBIK (1978) sowie Von CRANACH (1980). In Abbildung 10 sind diese Merkmale aufgelistet.

Ausgehend von diesen Planungsmerkmalen entwickelte MUNZERT ein standardisiertes Interview. In diesen Interview hatten die Versuchspersonen (n=25) ihr eigenes Planungsverhalten hinsichtlich dieser 16 Planungsmerkmale einzuschätzen. Dabei mußten die Versuchspersonen darüber Auskunft geben, ob es sich bei ihrem Verhalten hinsichtlich des jeweilig angesprochenen Planungsmerkmales eher um eine beständige Eigenschaft handelt, oder ob ihr in dem jeweiligen Planungsmerkmal beschriebenes Verhalten eher situationsabhängig ist. Ein typisches Frageschema ist in Abbildung 11 abgebildet.

1. Planung (überhaupt vorhanden)
2. Genauigkeit der Planung
3. Zeitspanne der Planung
4. Selbständigkeit der Planung
5. Schnelligkeit der Planung
6. Beachtung von unerwünschten folgen bestimmter Verhaltensweisen bei der Planung
7. Beachtung moralischer, ethischer bzw. gesetzlicher Gesichtspunkte bei der Planung
8. Erstellung von Alternativplänen
9. Koordination von Plänen
10. Abstimmung der Pläne mit anderen Personen
11. Inanspruchnahme von beratung bei der Planung
12. Ausführung von Plänen
13. Flexibilität der Planung
14. Hartnäckigkeit bei der Verfolgung von Zielen
15. Realitätsangemessenheit der Planung
16. Abweichung der Handlung von der Planung

Abb.10: Die von MUNZERT (1983) erstellten Planungsmerkmale.

"Planen Sie Ihre Handlungen im allgemeinen so genau, wie das möglich ist - also bis in die Einzelheiten - oder genügt es Ihnen, wenn Sie die groben Züge planen.
Würden Sie sagen, daß Sie das als eine beständige Eigenschaft von Ihnen betrachten? Oder hängt es von der Situation bzw. dem Ziel ab, wie genau sie planen? Oder meinen Sie die Neigung zu haben genau/grob (je nach Angabe) so zu planen, daß ihre Eigenschaft aber auch die jeweilige Situation bzw. das jeweilige Ziel eine Rolle dabei spielt, ob Sie genau planen?"

Abb. 11: Typisches Frageschema der Befragungsuntersuchung von MUNZERT (1983) hinsichtlich des Planungsmerkmales "Genauigkeit der Planung". (aus MUNZERT: Das Planen von Handlungen. 1983).

MUNZERT kam zu folgenden Ergebnissen:

1. Bei den Planungsmerkmalen "Genauigkeit der Planung", "Schnelligkeit der Planung", "Erstellung von Alternativplänen" sowie "Flexibilität der Planung" fanden sich statistisch abgesicherte Beantwortungsunterschiede. Die

Schwierigkeit im testtheoretischen Sinn (LIENERT 1969) lag bei diesen Merkmalen zwischen 40 und 60. Daneben konnte MUNZERT auch bei den Planungsmerkmalen 3, 9, 10, 14 und 16 auffällige Beantwortungsunterschiede feststellen, wobei allerdings diese Unterschiede nicht statistisch abgesichert werden konnten. Diese Ergebnisse lassen MUNZERT zu der Schlußfolgerung kommen, daß es interindividuelle Unterschiede im Planungsverhalten gibt. bzw. daß diese durch Befragungsmethoden diagnostizierbar sind.

2. Bei der inhaltsanalytischen Auswertung der Versuchspersonenaussagen fand MUNZERT "typenähnliche Konfigurationen" hinsichtlich der Ausprägung verschiedener Planungsmerkmale. Daraus schlußfolgerte der Autor, daß es bestimmte "Planungstypen" gibt, die dadurch gekennzeichnet sind, daß die einzelnen Planungsmerkmale bei diesen Personen eine charakteristische Ausprägungsform besitzen.
3. Schließlich fand MUNZERT, daß die Versuchspersonen der Meinung waren, daß es sich bei 64% der Planungsmerkmale um beständige Eigenschaften handelt. 16% der Planungsmerkmale seien dagegen situations- bzw. zielabhängig, die restlichen Planungsmerkmale waren nach Meinung der Versuchspersonen gleichermaßen situations- bzw. eigenschaftsspezifisch (20%). Dieses Ergebnis wertete MUNZERT als deutlichen Hinweis für die Tatsache, daß "...eine Reihe von Planungsmerkmalen generelle Eigenschaften darstellen, die in sehr vielen Handlungsbereichen eine wichtige Rolle spielen" (MUNZERT 1983, S. 297).

8.2. Der Einsatz von Fragebögen zur Diagnostik verschiedener Aspekte des individuellen Planungsverhaltens

Eine weitere Methode eventuell vorhandene individuelle Unterschiede des Planungsverhaltens aufzuklären besteht darin, Fragebögen zu entwickeln, um mit Hilfe dieser Fragebögen effektiver und genauer als es mit einer freien Befragungsmethode möglich ist, diese Unterschiede zu diagnostizieren. Diese

Methode wurde in einigen Untersuchungen angewandt, auf die nachfolgend näher eingegangen werden soll.

8.2.1. "Zielorientierung" und "Geplantheit" als Handlungsstile

Bereits im Kapitel 4.1. der vorliegenden Arbeit wurde auf ein von FRESE, STUART & HANNOVER (1987) entwickeltes Handlungsstilkonzept verwiesen, in dem u.a. die Handlungsstile "Zielorientierung" und "Geplantheit" postuliert wurden. Eine "zielorientierte" Person ist danach dadurch gekennzeichnet, daß sie sehr genau präzisierte Ziele hat bzw. daß sie ihre gesamte Handlungen danach ausrichtet, diese Ziele zu erreichen. "Planorientiert" ist dagegen laut FRESE et al. eine Person, die einmal begangene Fehler genau analysiert, um später besser planen zu können, die sehr lange und differenziert plant, bevor sie sich zum Handeln entschließt und die sehr weit voraus plant.

Ausgehend von diesen theoretischen Überlegungen entwickelten FRESE et al. (1987) einen insgesamt 19 Items umfassenden Fragebogen, mit dessen Hilfe es möglich ist, die oben genannten Handlungsstile zu diagnostizieren. Dieser Fragebogen wurde in acht Validitätsstudien (Selbstrating, Fremdrating, Lautes-Denken-Protokolle) an 381 Versuchspersonen erprobt. Dabei zeigte sich, daß die von FRESE et al. postulierten Handlungsstile existieren bzw. daß diese fragebogengestützt erfaßbar sind.

8.2.2. Handlungsorientierung bei der Planung

Im Rahmen der motivations- bzw. willenspsychologischen Theorienbildung (HECKHAUSEN, GOLLWITZER & WEINERT 1987) wurde von KUHL (1985, 1987) ebenfalls ein Fragebogen entwickelt, mit dessen Hilfe es u.a. möglich ist, verschiedene Aspekte des individuellen Planungsverhaltens zu diagnostizieren.

Ausgangspunkt der Entwicklung dieses Fragebogens war das von KUHL entwickelte Konzept der Handlungskontrolle (KUHL 1980, 1983). Unter diesem Begriff versteht KUHL eine "motivationale Stabilisierungsfunktion", die der "...Abschirmung aktueller Handlungsabsichten gegenüber konkurrierenden Motivationstendenzen..." (KUHL 1987, S.104) dient. Dabei kann das Ausmaß der Handlungskontrolle durch die auf einer bipolaren Skala abbildbaren Begriffe "Handlungsorientierung vs. Lageorientierung" näher beschrieben werden.

Beim Vorliegen von Handlungsorientierung richten Personen ihre kognitiven Aktivitäten auf Handlungsalternativen bzw. auf Handlungspläne, die die Überwindung der Diskrepanz zwischen gegenwärtigen und intendierten Zustand zur Folge haben. Handlungsorientierung wird demnach "...durch das Fokussieren auf Handlungspläne zur Veränderung eines perzipierten Zustandes definiert" (KUHL 1987, S. 107). Lageorientierung liegt dagegen dann vor, wenn "...bei einer Person die Aufmerksamkeit auf eine vergangenen Lage gerichtet ist, ohne daß irgendwelche Handlungspläne aktiviert sind, die eine Änderung der beachteten Lage herbeiführen können" (KUHL 1987, S. 106).

Ausgehend von diesen theoretischen Überlegungen entwickelte KUHL (1985) einen aus drei Subskalen bestehenden Fragebogen (HAKEMP) zur Erfassung der Handlungskontrolle (siehe Abbildung 12). Zur Messung der Art und Weise des individuellen Planungsverhaltens ist dabei besonders die innerhalb dieses Fragebogens vorkommende Subskala "Handlungsorientierung bei der Handlungsplanung (HOP)" geeignet. Stark "handlungsorientierte" Personen sollten demnach sich sorgfältiger und intensiver mit der Erstellung von Handlungsplänen beschäftigen als "lageorientierte" Personen. Mit Hilfe dieser Skala ist es demnach möglich, in erster Linie die Ausprägung der Planungsmerkmale 1, 2, 5 und 14 des oben vorgestellten Kategoriensystems von MUNZERT zu erfassen.

45.) Wenn ich ein schwieriges Problem lösen muß, dann

__ gehen mir viele Dinge durch den Kopf, bevor ich mich richtig an die Aufgabe heranmache

__ fällt mir sofort ein Weg ein, den ich zuerst ausprobieren könnte

Abb. 12: Beispielitem aus dem Fragebogen HAKEMP. (aus KUHL: Kurzanweisung zum Fragebogen HAKEMP 85. 1985).

8.2.3. KRASSEK's Fragebogen zur Diagnostik der individuellen Planungsneigung

Auf der Grundlage der zum Teil oben dargestellten theoretische Überlegungen (MUNZERT 1983, FRESE et al. 1987) sowie inhaltsanalytisch ausgewerteter Interview's wurde von KRASSEK (1990) ein Fragebogen (SEPOD) entwickelt, der das bisher am besten elaborierte Fragebogenverfahren zur Erfassung verschiedener Aspekte des individuellen Planungsverhaltens darstellt. Dieser Fragebogen existiert in einer verfahrensanalytisch bearbeiteten deutschsprachigen Version, in einer inhaltlich identischen englischsprachigen Version (HACKER, HEISIG, HINTON, TESKE & WIESNER 1992) sowie in einer Version in holländischer Sprache.

Kernpunkt des von KRASSEK (1990) entwickelten und von HEISIG, ULRICH, NEBE & HACKER (1992) weiterentwickelten Fragebogenverfahrens ist der Begriff "Planungsneigung". Mit diesem Begriff wird die habituell verfestigte Art und Weise der Handlungsvorbereitung einer Person bezeichnet. Demnach denkt eine hoch planungsgeneigte Person vor dem Handeln lange über verschiedene Vorgehensweisen nach und versucht den Aufwand eigener Planungen abzuschätzen. Daneben tendiert eine Person mit einer hohen Planungsneigung dazu, die langfristigen Folgen ihres Handelns einzuschätzen.

IM ALLGEMEINEN, WENN ICH ETWAS TUE ...

1. ...denke ich an das, was im Augenblick notwendig ist.	()	()	()	()	()	...denke ich über die langfristigen Folgen meines Handelns nach.

Abb. 13: Beispielitem aus dem Fragebogen SEPOD: (aus KRASSEK: Untersuchungen zum Zielverfolgungsverhalten. 1990)

Der von KRASSEK (1990) entwickelte Fragebogen besteht aus insgesamt 15 Items (siehe Abbildung 13 und Anhang). Aus dem Gesamtwert aller 15 Items läßt sich die Höhe der Planungsneigung ermitteln. Zusätzlich zu diesem Gesamtwert sind auf drei getrennt interpretierbaren Subskalen spezielle Aspekte des Planungsverhaltens meßbar. Diese Skalen ergaben sich aus der faktorenanalytischen Aufarbeitung und theoriengeleiteten Interpretation des eingesetzten Fragebogens an einer deutschsprachigen Stichprobe von 107 Versuchspersonen (Faktorenanalyse siehe Anhang) sowie an einer englischsprachigen 78 Versuchspersonen umfassenden Stichprobe. Die drei verschiedenen Subskalen sind:

1. "Variantenerwägung":

"- Erwägen verschiedener Vorgehensweisen
- langes Nachdenken über das "Wie" des Tuns
- Nachdenken über frühere Fehler" (KRASSEK 1990, S. 98).

2. "Planungsökonomie":

"- kein Kopfzerbrechen über unwahrscheinliche Zwischenfälle (Umpolung bei Negativladung)
- nur Pläne wenn unbedingt nötig (Umpolung)
- ausführen interessanter als überlegen
(- kein neues Überdenken der Vorgehensweise bei kleineren Anlässen)" (S. 98).

3. "Planungshorizont":

"- Nachdenken über langfristige Folgen
(- nicht übermäßig genaue Pläne - Umpolung)
(- Planen erst unmittelbar vor Handeln - Umpolung)
- kein "Ersatzplan" (Umpolung)"(S. 98).

Der von KRASSEK (1990) entwickelte und hier kurz vorgestellte Fragebogen wird zur Zeit weiterentwickelt (HEISIG, ULLRICH, NEBE & HACKER 1992). In einer schon existierenden und erprobten Variante (n=231) wird besonders auf die Bereichsspezifität des individuellen Planungsverhaltens eingegangen: Es gibt zur Zeit drei erweiterte Fragebögen zur Erfassung des Planungsverhaltens in den Bereichen Beruf, Familie und Freizeit.

8.3. Andere Methoden zur Erfassung individuellen Planungsverhaltens

Neben der Methode der Befragung und dem Einsatz von standardisierten Fragebögen gibt es noch andere Methoden zur Erfassung menschlichen Planungsverhaltens. Zu nennen sind beispielsweise die aus der Arsbeitspsychologie bekannte, befragungsgestützte Arbeitsstudie (GÖRNER 1968, SKELL 1972) sowie experimentelle Methoden (z.B. HAYES-ROTH & HAYES-ROTH 1979, BATTMANN 1984, KOTOVSKY, HAYES & SIMON 1985, KOEDINGER & ANDERSON 1990) die zum Teil die "Methode des Lauten Denkens" benutzen bzw. die Untersuchung des Planungsverhaltens mit Videoaufnahmen unterstützen. Da die Methodik dieser Untersuchungen zum größten Teil in den vorangegangenen Kapiteln der vorliegenden Arbeit bereits eingehend dargestellt wurde, soll an dieser Stelle auf eine nochmalige Beschreibung dieser Vorgehensweisen verzichtet werden.

8.4. Zusammenfassung

Es lassen sich mit Hilfe psychodiagnostischer Verfahren individuelle Unterschiede im menschlichen Planungsverhalten aufzeigen. Ein mögliches Kategoriensystem zur genaueren Beschreibung dieser Unterschiede stammt von MUNZERT (1983). Die Erfassung dieser Unterschiede ist durch Befragungsmethoden, durch den Einsatz von Fragebögen sowie durch die Anwendung experimenteller Methoden möglich.

9. Empirischer Teil

In den vorangegangenen Kapiteln der vorliegenden Arbeit wurde bereits mehrfach auf verschiedene, mit der Untersuchung des individuellen Planungsverhaltens in Zusammenhang stehende Fragestellungen verwiesen, deren Klärung zur Zeit noch aussteht. Die wichtigsten Fragestellungen sollen nun zusammenfassend nochmals kurz aufgegriffen werden. Im Anschluß daran werden einige dieser Fragestellungen ausgewählt und konkretisiert (ab Kapitel 9.1.).

Aus den im Kapitel 3 (und zum Teil Kapitel 4.2) der vorliegenden Arbeit erwähnten Studien von ILLING 1960, NEUBERT 1969, SKELL 1972, MÜLLER-MERBAUM 1970, 1973, McDERMOTT 1978, BATTMANN 1984 kann als ein übereinstimmender Erkenntniskern festgehalten werden, daß Planungen leistungsverbessernde Effekte hervorrufen können. Ausgehend davon muß eine erste Frage lauten, ob dieser Tatbestand generell für sämtliche Tätigkeiten gilt, oder ob diese leistungsverbessernden Effekte von Planungen nur beispielsweise für die in den oben erwähnten Studien untersuchten Tätigkeiten nachzuweisen sind. Als ein möglicher und bereits sehr ausgereifter Ansatz zur Klärung dieser Frage können die Untersuchungen von der Gruppe um DÖRNER genannt werden, der solche Planungssituationen untersuchte, die als intransparent, komplex und vernetzt (i.S. DÖRNER's) bezeichnet werden können (z.B. DÖRNER et al. 1983). Wichtig erscheint aber auch aus forschungsmethodischer Sicht ('Vom Einfachen zum Komplexen') die Konzentration auf solche Tätigkeiten, bei denen reine Abfolgeplanungen notwendig sind, zumal diese Abfolgeplanungen im Alltag (DREHER & OERTER 1987, KARNATH 1991) und im Beruf (ÖSTERREICH & VOLPERT 1991) häufig vorkommen. Dabei ist zu beachten, daß diese Abfolgeplanungen danach unterscheidbar sind, ob zeitliche Aspekte bei der Planung berücksichtigt werden müssen. Diese zu berücksichtigenden zeitlichen Aspekte bei der Abfolgeplanung können Zeitdauer und Zeitpunkt sein (siehe dazu besonders die im Kapitel 4.2.3 der vorliegenden Arbeit dargestellte Untersuchung von VALAX & SAROCCI 1989). Ausgehend davon kann dann weiterführend danach gefragt werden, welche der verschiedenen Vorgehensweisen zur Planerstellung (siehe Kapitel 4.2.) bei diesen unterscheidbaren Abfolgeplanungen vorzugsweise angewandt werden und welche dieser Vorgehensweisen zu hohen Leistungen führen.

Ein weiterer Schwerpunkt der möglichen Fragestellungen ist die Frage nach dem Verhältnis zwischen Handlung und Planung. Planung muß nicht immer vor dem Beginn einer Handlung erfolgen. Geplant werden kann auch während der Handlung, indem entweder die Handlung gänzlich unterbrochen wird (SACERDOTI 1974, KOTOVSKY, HAYES & SIMON 1985, NEWELL 1989) oder indem die gegenwärtige Handlung soweit automatisiert ist, daß diese auf den unteren Regulationsebenen (i.S. HACKER's 1973) realisiert wird und somit Informationsverarbeitungskapazität für 'höhere' Planungsprozesse frei bleibt. Hier sollte gefragt werden, wie die Organisation dieses Verhältnisses Planung und Handlung aussieht. Wann ist es sinnvoll am Anfang zu planen, und wann ist es sinnvoll 'unterwegs' zu planen? Wann kommt es zu Kombinationen zwischen 'Planung am Anfang' und 'Planung unterwegs'?

In diesem Zusammenhang ist auch nach personalen Voraussetzungen für die Planerstellung zu fragen. Hat beispielsweise die Arbeitsgedächtniskapazität als 'subjektive Werkbank' einen Einfluß auf das Aussehen der Pläne (KLAUER 1992, 1993, KOTOVSKY et al. 1985). Oder wird die Qualität von Plänen eher durch die Intelligenz einer Person oder durch die Langzeitgedächtniskapazität beeinflußt?

Spätestens an diese Stelle sollte auch die Frage nach dem Planungsnutzen gestellt werden (BATTMANN 1984). Wann lohnt sich für wen Planung? Und genauer: Wann verbessert Planung die Leistung und in welchen Situation entlasten Planungsprozesse den planenden Menschen?

Personale Voraussetzungen sollten aber nicht nur die Qualität der Pläne beeinflussen, personale Voraussetzungen entscheiden beispielsweise nach FRESE et al. (1987) auch darüber, ob überhaupt geplant und wie differenziert geplant wird. Dies gilt besonders in solchen Situationen, in denen Planung möglich, aber nicht gefordert ist. Möglichkeiten zur Erfassung dieser personalen Voraussetzungen wurden in Kapitel 8 der vorliegenden Arbeit dargelegt. Aus diesem Kapitel ergibt sich eine weitere Fragestellung: Inwieweit sind die bisher entwickelten psychodiagnostischen Verfahren tatsächlich geeignet, Aussagen über das menschliche Planungsverhalten zu treffen? Stimmen diese Aussagen mit dem tatsächlichen menschlichen Verhalten bei der Planung von Tätigkeiten überein? Oder anders formuliert: Wie valide sind die bisher entwikkelten Varianten zur Erfassung des individuellen Planungsverhaltens?

Soweit ein kurzes Eingehen auf die große Anzahl möglicher Fragestellungen, die das individuelle Planungsverhalten betreffen. Einige dieser Fragen sollen nun aufgegriffen und dabei präzisiert werden. Davon ausgehend wird eine aus mehreren Teilen bestehende empirische Untersuchung näher beschrieben, die zum Ziel hatte, diese Fragestellungen zu beantworten.

9.1. Individuelles Planungsverhalten und Leistung

Im Kapitel 4.2. der vorliegenden Arbeit wurden verschiedene mögliche Vorgehensweisen zur Erstellung eines Handlungsplanes erläutert. Daneben wurde bereits in diesem Kapitel darauf hingewiesen, daß es zur Zeit noch nicht vollständig geklärt ist, **welche** dieser **Vorgehensweisen** (und da Planungen situations- bzw tätigkeitsspezifisch sein können) **bei welchen Tätigkeiten** zu hohen individuellen Leistungen führen. Ein erster Schwerpunkt der nachfolgend dargelegten Studie soll deshalb darin bestehen, einen Beitrag zur Klärung dieser Frage zu liefern. Es soll die Leistungsrelevanz verschiedener Vorgehensweisen bei der Planerstellung in zeitlicher und inhaltlicher Hinsicht anhand einer spezifischen Tätigkeit untersucht werden. Diese Tätigkeit soll besonders die oben erwähnte **Abfolgeplanung ohne Fixzeitpunkte und ohne Beachtung von Zeitvorgaben** berücksichtigen. Dies aus folgenden Gründen:

1. Abfolgeplanungen kommen im Alltag sehr häufig vor. Dies gilt besonders für Abfolgeplanungen *mit* Berücksichtigung von Zeitdauer und Zeitpunkt (z.B. 'Wochenendplanung'). Dies gilt aber auch für Abfolgeplanungen, die weitestge-

hend *ohne* Berücksichtigung zeitlicher Aspekte erfolgen (z.B. 'Einkauf im Supermarkt', 'Suche nach der kilometergünstigsten Verkehrsroute').

2. Die Fähigkeit zur Durchführung von Abfolgeplanungen ohne Beachtung von Zeitpunkt und Zeitdauer zählt zu den Grundvoraussetzungen der menschlichen Planungsfähigkeit. So wird beispielweise in entwicklungspsychologischen Arbeiten stets darauf hingewiesen, daß bei Kindern die Fähigkeit zur Abfolgeplanung als erste Basiskomponente menschlicher Planungsleistungen zu beobachten ist (PIAGET 1976, KLAHR 1978, KLUWE & MODROW 1988, MAY, SCHULZ & SYDOW 1992, siehe dazu auch Kapitel 7 der vorliegenden Untersuchung). Aber auch klinisch arbeitende Neuropsychologen gehen davon aus, daß die Fähigkeit zur Erstellung von Abfolgeplanungen die Grundlage der menschlichen Planungsfähigkeit darstellt (SHALLICE 1982, VonCRAMON & VonCRAMON 1993, S. 142 ff.; siehe auch Kapitel 6.2. der vorliegenden Arbeit). Deshalb werden bei Schädigungen der für die Planungsfähigkeit verantwortlichen Hirnareale, Patienten mit Abfolgeplanungsaufgaben konfrontiert und deren Verhalten dabei beobachtet (VonCRAMON & VonCRAMON 1993).

3. Abfolgeplanungen kommen im der beruflichen Praxis sehr häufig vor. Dies beweist beispielsweise eine Studie von ÖSTERREICH & VOLPERT (1991). Diese Autoren fanden bei der in neun verschiedenen Industriebranchen durchgeführten Validierung eines Arbeitsanalyseverfahrens (VERA Version 2), daß zur optimalen Abarbeitung von ca. 30% der dort untersuchten Arbeitstätigkeiten Abfolgeplanungen notwendig sind.

9.1.1. Die ausgewählte Untersuchungstätigkeit

Bevor die oben präzisierte Frage bearbeitet werden kann, ist es zunächst notwendig, eine Untersuchungstätigkeit zu finden, die zumindest den folgenden Ansprüchen genügt: Erstens muß die für die Untersuchung ausgewählte Tätigkeit Abfolgeplanungen ohne zeitliche Begrenzungen ermöglichen, sie sollte gleichzeitig aber auch ungeplante Bearbeitungsmöglichkeiten zulassen. Daneben sollte zweitens die Untersuchungstätigkeit ein gut registrierbares und möglichst eindeutiges Leistungskriterium besitzen, damit die eventuell auftretenden geplanten Vorgehensweisen mit ungeplanten Vorgehensweisen hinsichtlich ihrer Leistungsrelevanz verglichen werden können. Um eine hohe Praxisrelevanz der Untersuchung zu gewährleisten sollte schließlich drittens die in der Untersuchung einzusetzende Tätigkeit repräsentativ für ein breites Spektrum von tatsächlich in der Realität vorkommenden Tätigkeitsbereichen sein. Bevor also die präzisierten Fragestellungen und die dazugehörigen Hypothesen genannt und erläutert werden, soll zunächst die für die vorliegende Untersuchung ausgewählte Tätigkeit vorgestellt und deren Einsatz begründet werden.

A. Beschreibung der Tätigkeit

In der vorliegenden Untersuchung wurde eine experimentelle Tätigkeit eingesetzt, es handelte sich dabei um das sogenannte Turm-von-Hanoi Problem in einer leicht modifizierten Variante.

Dieser Problemtyp gehört zur Klasse der Interpolationsprobleme, die dadurch gekennzeichnet sind, daß Ausgangs- und Zielzustand sowie die Operatoren zur Überwindung der Diskrepanz zwischen Ausgangs- und Zielzustand klar definiert sind (siehe dazu beispielsweise KLIX 1971, 1992 oder HUSSY 1984). Die Aufgabe des Problemlösers besteht bei dieser Art von Problemen darin, die Operatoren so miteinander zu kombinieren, daß auf einem möglichst kurzem Weg der Zielzustand erreicht wird. Eine Darstellung des vollständigen Problemraumes für die 3-Scheiben Variante gibt Abbildung 14.

Konkret haben die Versuchspersonen beim Turm-von-Hanoi Problem die Aufgabe, verschieden große Scheiben von einer Ausgangsposition unter Nutzung einer Zwischenposition in eine Endposition zu bringen. Dabei darf immer nur eine Scheibe bewegt werden. Daneben ist es nicht gestattet, eine größere Scheibe auf eine kleinere Scheibe zu legen. Die Anzahl der umzustapelnden Scheiben kann variiert werden, in der vorliegenden Studie wurde in der Voruntersuchung die 4-Scheiben Variante (81 verschiedene Scheibenstellungen möglich, kürzester Lösungsweg: 15 Züge) eingesetzt, in der Hauptuntersuchung wurde die 5-Scheiben Variante (243 verschiedene Scheibenstellungen möglich, kürzester Lösungsweg 31 Züge) verwendet.

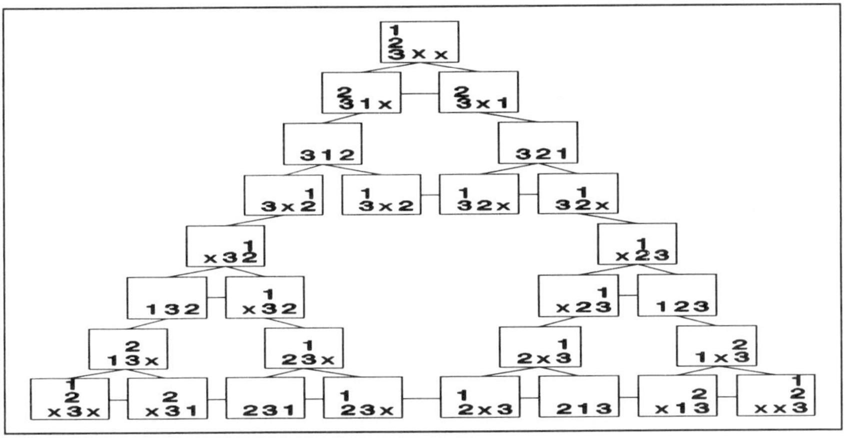

Abb. 14: Schema aller möglichen Scheibenkonstellationen des Turm-von-Hanoi Paradigmas in der 3-Scheiben Variante.

Die Instruktionen sowie das Versuchsmaterial wurden gegenüber der ursprünglichen Turm-von-Hanoi Variante etwas verändert (siehe unten), so daß in der vorliegenden Untersuchung ein leicht modifiziertes Turm-von-Hanoi Problem zur Anwendung kam.

B. Begründung der Verwendung der eingesetzten experimentellen Tätigkeit

1. Planbarkeit

Der erste Grund für den Einsatz des Turm-von-Hanoi Paradigmas zur Untersuchung des individuellen Planungsverhaltens ergibt sich aus der ganz spezifischen Anforderungsstruktur dieses Problemtypes und den daraus sich ergebenden unterschiedlichen Vorgehensweisen zur Problembearbeitung. Es ist also zunächst notwendig, sich unter anforderungsanalytischem Aspekt die bei diesem Problem anwendbaren Bearbeitungsmöglichkeiten zu vergegenwärtigen.

Eine erste Bearbeitungsmöglichkeit besteht darin, das Turm-von-Hanoi Problem durch einfaches Probierverhalten (trial and error) zu lösen. Einfaches Probierverhalten würde demnach bei dem vorliegenden Problem bedeuten, daß die Versuchsperson die Scheiben im Rahmen der vorgegebenen Problemlösebedingungen zufällig in verschiedene Positionen bringt, und dann die sich daraus ergebenden Scheibenkonstellationen danach bewertet, inwieweit diese sich dem anzustrebenden Zielzustand genähert haben.

Daneben ist es auch möglich, das Turm-von-Hanoi Paradigma durch die bei ANZAI & SIMON (1979) sowie VanLEHN (1991) beschriebene "Selektive Suche" (selective search) zu lösen. ANZAI & SIMON (1979) fanden diese Vorgehensweise bei der Auswertung eines, während der Turm-von-Hanoi Lösung angefertigten Lautes-Denken Protokoll einer Versuchsperson. Danach kann dann von "Selektiver Suche" gesprochen werden, wenn eine Person bei der Zugwahl nur die Scheiben beachtet, die in dem jeweiligen Moment nicht blockiert sind. Dabei wendet sie insbesondere die folgenden beiden Regeln an: (1) Bewege nicht dieselbe Scheibe zweimal hintereinander, und (2) befördere nicht die kleinste Scheibe an die Position, in der diese sich vor einer gerade ausgeführten Scheibenbewegung befand.

Neben diesen eher ungeplanten Vorgehensweisen besteht aber auch die Möglichkeit, die Lösung des Turm-von-Hanoi Paradigmas zu planen. Wie bereits mehrfach erwähnt (siehe dazu besonders die Kapitel 2, 4 und 6 der vorliegenden Arbeit), wird dabei unter Planung ein Informationsverarbeitungsprozeß verstanden, bei dem zunächst die problemimmanenten Bedingungen intern repräsentiert und bewußt gehalten werden müssen. Beim Turm-von-Hanoi Problem sind das folgende Bedingungen: Immer nur eine Scheibe darf bewegt werden. Niemals darf ein größere Scheibe auf eine kleinere gelegt werden. Es dürfen für die Scheibenbewegungen nur die drei vorgegebenen Lagermöglichkeiten genutzt werden, wobei in einem Lager nicht mehrere Scheiben nebeneinander gelegt werden dürfen. Ausgehend von diesen intern zu speichernden Informationen kann dann die Festlegung der zukünftigen Handlungsschritte erfolgen, wobei dies durch unterschiedliche Vorgehensweisen möglich ist (siehe dazu Kapitel 4.2. der vorliegenden Arbeit). Für die *geplante* Lösung des Turm-von-Hanoi Paradigmas kommen theoretisch folgende Vorgehensweisen in Frage.

1. Unter zeitlichem Aspekt:

a) Ausarbeitung eines Handlungsplanes bevor der erste Lösungsschritt ausgeführt wird.

b) Einschub von Handlungsunterbrechungen in den Lösungsablauf; Planung der weiteren Vorgehensweise während dieser Handlungsunterbrechungen ("adaptives" Planungsverhalten; erläutert in Kapitel 4.2.3.).

2. Unter inhaltlichem Aspekt:

a) lineare Handlungsplanung

- vorwärtsgerichtete gedankliche Aneinanderreihung einzelner Lösungsschritte (Beispiel: "Als erstes könnte ich die kleine Scheibe in das Endlager legen, dann könnte ich die zweitkleinste Scheibe in das Zwischenlager legen. Wenn das geschehen ist könnte ich die kleine Scheibe ebenfalls in das Zwischenlager legen. Dann könnte ich die drittkleinste Scheibe in das Endlager legen...").

- rückwärtsgerichtete gedankliche Aneinanderreihung einzelner Lösungsschritte (Beispiel: "Ich stelle mir vor, daß sich alle Scheiben im Endlager befinden. Davon ausgehend kann ich die kleine Scheibe in das Ausgangslager legen und die zweitkleinste Scheibe in das Zwischenlager. Wenn das geschehen ist befördere ich die kleine Scheibe aus dem Ausgangslager in das Zwischenlager...").

- "chunkingorientierte" Handlungsplanung durch das Zusammenfassen mehrerer Einzelzüge zu einem Gesamtzug (Beispiel: "Kleine und zweitkleinste Scheibe lege ich in das Zwischenlager. Dann lege ich die drei größten Scheiben in das Endlager...").

b) hierarchisch organisierte Handlungsplanung bzw. opportunistische Handlungsplanung; ermöglicht durch einen, der eigentlichen Handlungsplanung vorausgehenden Zielbildungsprozeß. Dabei können nach ANZAI & SIMON (1979) bei der Turm-von-Hanoi Bearbeitung folgende Formen der (Teil-) Zielbildung zur Anwendung kommen:

- "goal-peg" Strategie: Bei dieser Art der Zielbildung versucht die Versuchsperson einzelne Teilziele aufzustellen, die im Unterschied zu den nachfolgend beschriebenen Teilzielbildungsstrategien noch nicht aufeinander bezogen sind, so daß keine echte handlungsleitende Teilzielhierarchie entsteht. (Beispiel: "Zur Lösung der Aufgabe wäre es vielleicht notwendig, erst einmal die größte Scheibe in das Endlager zu befördern...")

- "disk subgoaling": Dieser Zielbildungsprozeß würde der klassischen Ziel-Mittel-Analyse entsprechen. Die Versuchsperson betrachtet hierbei zunächst nur die größte Scheibe und überlegt dann, welche Scheiben die Bewegung dieser größten Scheibe blockieren. Davon ausgehend betrachtet sie die nächstgrößte Scheibe und überlegt sich auf welcher Position diese liegen müßte, um die zuerst betrachtete, größte Scheibe zu bewegen. So wird schrittweise immer weiter vorgegangen, bis eine vollständige Zielhierarchie entwickelt wurde. (Beispiel: "Mein erstes Ziel muß darin bestehen, die größte Scheibe aus dem Ausgangslager in das Endlager zu befördern. Um das zu realisieren, muß sich die zweitgrößte Scheibe im Zwischenlager befinden. Dazu ist es wiederum erforderlich, die drittgrößte Scheibe in das Endlager zu legen...")

- "pyramid subgoaling": Bei dieser Form der Zielbildung faßt die Versuchsperson gedanklich mehrere Scheiben zu Teilpyramiden zusammen. (Beispiel: "Mein erstes Teilziel könnte darin bestehen, die größte Scheibe aus dem Ausgangslager in das Endlager zu befördern. Um das zu realisieren müssen sich alle anderen Scheiben im Zwischenlager befinden. Demnach muß ich eine Scheibenpyramide aller Scheiben im Zwischenlager errichten, wobei die größte Scheibe sich nicht in dieser Pyramide befinden darf...")

c) regelbasierte Handlungsplanung: Regelbasierte Handlungsplanung würde bedeuten, daß die Versuchsperson von einigen Eigenschaften des Problems abstrahiert und damit versucht, die problemimmanenten Regelhaftigkeiten zu entdecken und danach sich auf der Grundlage der entdeckten Regelhaftigkeiten einen Handlungsplan entwickelt. (Beispiel: "Ich muß zunächst überprüfen, ob die Lösung dieses Problems durch die Anwendung einer bestimmten Lösungsheuristik möglich ist... Wären nur zwei Scheiben umzustapeln, müßte für den kürzesten Lösungsweg die kleinste Scheibe als erstes in das Zwischenlager gelegt werden. Hätte ich drei Scheiben umzustapeln, müßte ich demnach die kleinste Scheibe als erstes in das Endlager bringen... Demnach muß ich bei einer geradzahligen Anzahl von Scheiben immer als erstes die kleinste Scheibe in die Mitte legen, bei ungeradzahligen Scheiben muß ich dagegen immer als erstes die kleinste Scheibe in das Endlager legen...").

Die alleinige Anwendung der eben genannten Vorgehensweisen muß aber nicht zwangsläufig zu einer *geplanten* Abarbeitung des Turm-von-Hanoi Paradigmas führen. Notwendig ist zusätzlich die interne Speicherung der gedanklich antizipierten Zugabfolgekombinationen und der daraus sich ergebenden bzw. selbständig festgelegten Zwischenziele. Nur wenn der vor dem Handlungsvollzug antizipierend festgelegte Handlungsweg tatsächlich ausgeführt wird, kann man letztendlich von einer geplanten Problembearbeitung sprechen. Auch bei der Planung des Turm-von-Hanoi Paradigmas macht sich deshalb - wie bei Planungsprozessen generell (siehe Kapitel 6) - ein gesteuerter Wechsel zwischen Informationsverarbeitung und Informationsspeicherung erforderlich.

Faßt man das bisher Gesagte zusammen, so kann festgestellt werden, daß sich das Turm-von-Hanoi Paradigma aufgrund seiner ganz spezifischen Anforderungsstruktur sehr gut dazu eignet, eventuell durchgeführte Planungsprozesse bei der Lösung eines ganz bestimmten Aufgabentypes (Transformationsprobleme) zu untersuchen, denn wie eben gezeigt wurde, ist die Bearbeitung des Turm-von-Hanoi Paradigmas durch einfaches Probierverhalten als auch durch eine vollständig geplante Vorgehensweise möglich. Mit anderen Worten: Das Turm-von-Hanoi Paradigma kann ungeplant gelöst werden, es ist aber gleichfalls möglich dieses Problem geplant abzuarbeiten, wobei für die Erstellung eines Planes verschiedene Vorgehensweisen angewendet werden können.

2. Leistungsparameter

Ein zweiter Grund für den Einsatz des Turm-von-Hanoi Paradigmas ergibt sich aus dem sehr gut registrierbaren Leistungskriterium. Um so weniger Züge eine Versuchsperson zur vollständigen Problembearbeitung benötigt, desto besser ist deren individuelle Leistung.

3. Unbekanntheit

Ein dritter Grund für den Einsatz des Turm-von-Hanoi Paradigmas zur Untersuchung von individuellen Planungsprozessen liegt darin, daß die Personen, die dieses Problem zu bearbeiten haben, die Aufgabe noch nicht kennen. Mögliche Einflüsse von Vorwissen (Transfer- Effekte, Wissenserwerb während der Problembearbeitung, siehe dazu ANDERSON 1993) werden damit auf ein Minimum reduziert. Für die Versuchspersonen ergibt sich dadurch die Aufgabe, selbständig einen für die Versuchsperson neuen Lösungsplan zu entwikkeln, der eventuelle Einfluß der in Kapitel 4.2. erläuterten "fallbasierten" Handlungsplanung wird auf ein Minimum reduziert. Deshalb wurden auch Personen, die bereits über Erfahrungen mit diesem Problemtyp verfügten, nicht in die Untersuchung mit einbezogen.

4. Realitätsnähe

Aus der spezifischen Anforderungsstruktur des Turm-von-Hanoi Paradigmas ergibt sich schließlich noch ein vierter Grund für dessen Einsatz in der vorliegenden Untersuchung. Das Turm-von-Hanoi Paradigma besitzt eine sehr repräsentative Anforderungsstruktur für tatsächlich in der Realität vorkommende (Arbeits-) Tätigkeiten. Auch bei vielen Tätigkeiten ist es so, daß eine Person den Ausgangszustand, den Zielzustand und die zur Überwindung der Diskrepanz zwischen Ausgangs- und Zielzustand notwendigen Teiltätigkeiten (Operatoren) kennt, und seine eigentliche Aufgabe darin besteht, die Abfolge der einzelnen Teiltätigkeiten so zu gestalten, daß eine möglichst effektive und effiziente Tätigkeitsausführung gewährleistet ist.

Die Tatsache, daß solche Tätigkeiten beispielsweise in der betrieblichen Praxis sehr häufig vorkommen, beweist die bereits oben erwähnte Studie von ÖSTERREICH & VOLPERT (1991). Diese Autoren fanden bei der in neun verschiedenen Industriebranchen durchgeführten Validierung eines Arbeitsanalyseverfahrens (VERA Version 2), daß ca. 30% der dort untersuchten Arbeitstätigkeiten eine mit dem Turm-von-Hanoi übereinstimmende bzw. stark verwandte Anforderungsstruktur haben.

Um die Vergleichbarkeit des Turm-von-Hanoi Paradigmas mit einer realen Tätigkeit noch zu erhöhen, wurden Instruktionen und Versuchsmaterial so verändert (siehe Kapitel 9.3.1. und 9.4.1. sowie Anhang), daß die eingesetzte experimentelle Tätigkeit einem realen Arbeitsauftrag sehr ähnlich war.

Dabei wurde von einer von KOTOVSKY, HAYES & SIMON (1985) durchgeführten Untersuchung ausgegangen, in der nachgewiesen werden konnte, daß die unterschiedliche semantische Einbettung ein und desselben Problems die Leistung bei der Problembearbeitung deutlich beeinflußt. KOTOVSKY et al. (1985) interpretierten diese unterschiedlichen Leistungen als Beweis für die Tatsache, daß der Alltagssprache angelehnte, realitätsnahe Aufgabenbedinungen leichter zu verinnerlichen und für die Aufgabenbearbeitung präsent zu halten sind als relativ abstrakte bzw. realitätsferne Aufgabenbedingungen. "...using real world knowledge reduced problem difficulty significantly..."; "Everyday knowledge might also help us represent information that is implied by the problem statement..." (KOTOVSKY et al. 1985, S. 262 und 265).

9.1.2. Fragestellung und Hypothesen

Ausgehend von den obigen Darlegungen läßt sich nun zunächst die folgende präzisierte Fragestellung formulieren: Führen geplante Vorgehensweisen bei dem oben genannten Aufgabentyp zu besseren Leistungen? Dazu die folgende Ausgangshypothese:

H.1: *Leistungsstarke Problemlöser planen länger, häufiger und differenzierter ihre Vorgehensweise als Personen, die nur durchschnittliche bzw. unterdurchschnittliche Leistungen erbringen.*

Zur Klärung der eben genannten Fragestellung und Hypothese ist es notwendig, das Planungs- und Lösungsverhalten der Versuchspersonen, die die besten Leistungen erbringen, mit dem Planungs- und Lösungsverhalten der Versuchspersonen zu vergleichen, die nur durchschnittliche bzw. unterdurchschnittliche Leistungen erbringen. Da die Lösung der oben genannten und erläuterten experimentellen Tätigkeit durch verschiedene Vorgehensweisen möglich ist, macht es sich erforderlich, die oben genannte Ausgangshypothese durch entsprechende Unterhypothesen genauer zu operationalisieren (was bedeutet "längeres, häufigeres und differenzierteres Planen" konkret bei der oben vorgestellten Tätigkeit?). Dazu die folgenden Unterhypothesen (UH):

UH. 1.1: *Leistungsstarke Problemlöser verwenden vor dem Handlungsbeginn mehr Zeit für die Vorbereitung ihrer Handlungen als Personen, die nur durchschnittliche bzw. unterdurchschnittliche Leistungen erbringen.*

Hypothesenbegründung[3]: Durch einen entsprechend hohen Zeitaufwand vor dem eigentlichen Handlungsbeginn sind die leistungsstarken Problemlöser eher in der Lage, durch gedankliches "Durchspielen" der einzelnen Handlungsmöglichkeiten, die optimale Handlungsvariante und damit den besten Handlungsplan zu finden. Ineffektive bzw. falsche Handlungspläne werden damit von vornherein ausgeschlossen. Bei den Personen, die sich dagegen vor der Handlungsausführung nur sehr wenig Zeit für das Vorbereiten ihrer Handlungen nehmen, ist die Wahrscheinlichkeit größer, ineffiziente bzw. falsche Handlungen zu planen und anschließend durchzuführen, die während des Handelns nicht oder nur noch sehr schwer zu korrigieren sind (Kapitel 4.2.).

UH. 1.2: *Leistungsstarke Problemlöser integrieren in ihre Handlungen zeitlich längere Handlungsunterbrechungen als Personen, die nur durchschnittliche bzw. unterdurchschnittliche Leistungen erbringen.*

UH. 1.3: *Leistungsstarke Problemlöser integrieren in ihre Handlungen eine größere Anzahl von Handlungsunterbrechungen als Personen, die nur durchschnittliche bzw. unterdurchschnittliche Leistungen erbringen.*

Begründung: Wie bei der Erläuterung des "adaptiven" Planungsverhaltens dargelegt wurde (siehe Kapitel 4.2.3.), besteht eine Möglichkeit zur planvollen Abarbeitung von relativ komplizierten Aufgaben darin, in den Handlungsablauf eine oder mehrere Handlungsunterbrechungen einzuschie ben, um das weitere Handeln vorzubereiten bzw. festzulegen. Leistungsstarke Problemlöser nutzen diese Vorgehensweise, durch die große Anzahl (UH 1.3) und die zeitliche Ausdehnung (UH 1.2) dieser Handlungsunterbrechungen sind sie in der Lage, die jeweils zu betrachtenden Teilabschnitte

---

[3]Da die nachfolgend aufgestellten Hypothesen sich zum größten Teil auf bereits im Theorieteil eingehend erläuterte Sachverhalte beziehen, wird in den Hypothesenbegründungen auf Literaturangaben weitestgehend verzichtet, und dafür lediglich auf das, für die jeweilige Hypothese relevante Kapitel der vorliegenden Arbeit verwiesen.

des zu bearbeitenden Problems intensiver zu analysieren, als die Versuchspersonen, die nur sehr wenige und sehr kurze Handlungsunterbrechungen bevorzugen.

UH. 1.4: *Leistungsstarke Problemlöser nutzen häufiger die Möglichkeit der vorwärtsgerichteten gedanklichen Aneinanderreihung der auszuführenden Lösungszüge als Personen, die nur durchschnittliche bzw. unterdurchschnittliche Leistungen erbringen.*

UH. 1.5: *Leistungsstarke Problemlöser antizipieren eine größere Anzahl von Lösungszügen im voraus als Personen, die nur durchschnittliche bzw. unterdurchschnittliche Leistungen erbringen.*

Begründung: Durch ein entsprechend häufiges (UH 1.4) und weites Vorausbedenken (UH 1.5) verschiedener Lösungszüge bzw. Problemlöseschritte können fehlerhafte Zugfolgen und fehlerhafte Verzweigungen im Lösungsablauf erkannt und dadurch von vornherein ausgeschlossen werden. Zudem kann ein sehr weit vorausbedachter Plan besser hinsichtlich seiner Effektivität bzw. Effizienz überprüft werden als ein kurzer, nur sehr wenige Schritte berücksichtigender Plan (siehe Kapitel 4.2.).

UH. 1.6: *Leistungsstarke Problemlöser nutzen häufiger die Möglichkeit zur Teil- und Zwischenzielbildung als Personen, die nur durchschnittliche bzw. unterdurchschnittliche Leistungen erbringen.*

UH. 1.7: *Leistungsstarke Problemlöser erstellen eine größere Anzahl von Teil- und Zwischenzielen als Personen, die nur durchschnittliche bzw. unterdurchschnittliche Leistungen erbringen.*

Begründung: Durch Teilzielbildung kann die Gesamtaufgabe in Einzelaufgaben strukturiert werden. Es wird dadurch eine hierarchisch organisierte bzw. adaptive Handlungsplanung ermöglicht, welche nachweislich (siehe Kapitel 4.2.2. und 4.2.3.) eine effektivere Handlungsplanung ermöglicht.

UH. 1.8: *Leistungsstarke Problemlöser versuchen häufiger, die problemimmanenten Regelhaftigkeiten zu erkennen, um davon ausgehend einen Lösungsplan zu erstellen als Personen, die nur durchschnittliche bzw. unterdurchschnittliche Leistungen erbringen.*

Begründung: Eine Möglichkeit zur Entwicklung von Handlungsplänen besteht darin, zunächst die problemimmanenten Regelhaftigkeiten herauszuarbeiten, und dann darauf basierend einen Lösungsalgorhythmus zu entwickeln, der gleichzeitig einen Handlungsplan darstellt (Kapitel 4.2.4.).

Leistungsstarke Problemlöser nutzen diese Möglichkeit, sie erkennen die Regelhaftigkeiten des Problems und sind dadurch in der Lage, einen fehlerfreien Handlungsplan zu entwickeln.

9.2. Das Konzept von der "Planungsneigung" - Weitere Fragestellungen und Hypothesen

Im Kapitel 4.1. der vorliegenden Arbeit wurde darauf hingewiesen, daß die Entwicklung eines Handlungsplanes eine positive Entscheidung über eine planvolle Abarbeitung einer Tätigkeit voraussetzt. Desweiteren wurde in diesem Kapitel ausgeführt, daß diese Entscheidung wahrscheinlich von zwei Faktoren abhängt, zum einen von der subjektiven Einschätzung der Planbarkeit einer Situation und den damit verbundenen Aufwand- Nutzen Kalkulationen und daneben von der habituell verfestigten Neigung einer Person, Handlungen geplant abzuarbeiten.

Mit der Entwicklung des Konzepts von der "Planungsneigung" (siehe Kapitel 8.2.3.) wird versucht, die habituell verfestigte Neigung einer Person zur geplanten Abarbeitung einer Handlung zu operationalisieren bzw. diese mit Hilfe eines Fragebogens zu diagnostizieren. In einem zweiten Schwerpunkt der vorliegenden Untersuchung soll dieses Konzept von der Planungsneigung aufgegriffen werden, um es hinsichtlich der nachfolgend aufgeführten Problemstellungen (Punkt 9.2.1. bis 9.2.3.) näher zu untersuchen.

9.2.1. Der Zusammenhang zwischen fragebogengestützter Erfassung der Planungsneigung und dem realen Planungsverhalten

Da die habituell verfestigte Neigung einer Person vor der Abarbeitung von Handlungen Pläne zu erstellen (Planungsneigung), fragebogengestützt erfaßbar ist, kann ausgehend von diesem Erkenntnisstand in einem ersten Untersuchungsschritt zunächst die folgende Frage geklärt werden: Beschäftigen sich Personen mit einer hohen Planungsneigung tatsächlich länger (zeitliche Aspekte) und differenzierter (inhaltliche Aspekte) mit der Vorbereitung ihrer Handlungen als Personen mit mittlerer oder geringer Planungsneigung? Dazu die folgende Hypothese:

H. 2: *Die Planungsneigung einer Person beeinflußt deren Verhalten. Personen mit einer hohen Planungsneigung werden sich länger und intensiver mit der Vorbereitung ihrer Handlungen beschäftigen als Personen mit mittlerer bzw. geringer Planungsneigung.*

Begründung: Wenn man davon ausgeht, daß es sich bei dem Fragebogen "SEPOD" um ein reliables und valides Fragebogeninstrumentarium zur Erfassung der situationsübergreifenden, habituell verfestigten Art der Handlungsvorbereitung handelt, so wird bei einer planbaren Aufgabe auch eine Übereinstimmung zwischen fragebogengestützter Erfassung der Planungsneigung und dem tatsächlichen Verhalten zu beobachten sein. Personen die sich als hoch "planungsgeneigt" einschätzen, werden auch in der Realität länger und intensiver ihre Handlungen vorbereiten als Personen, die sich als mittel oder wenig "planungsgeneigt" einschätzen.

9.2.2. Der Zusammenhang zwischen Planungsneigung und Leistung

Ein weiterer Schwerpunkt der psychologischen Planungsforschung wurde im Kapitel 3 der vorliegenden Arbeit angesprochen. Es wurde darin auf verschiedene Untersuchungen verwiesen, in denen gezeigt werden konnte, daß die planvolle Abarbeitung einer Tätigkeit die individuelle Leistung verbessern kann. Wenn es Personen gibt, die generell viel planen (hohe Planungsneigung), kann demnach vermutet werden, daß diese Eigenschaft auch ihre Leistungen bei der Abarbeitung von planbaren Aufgaben beeinflussen wird. Eine weitere präzisierte Fragestellung würde demnach lauten: Beeinflußt die Planungsneigung einer Person deren Leistung bei der Bearbeitung einer Aufgabe? Dazu die folgende Hypothese:

H. 3: *Personen mit hoher Planungsneigung erbringen bei planbaren Aufgaben bessere Leistungen als Personen mit mittlerer bzw. geringer Planungsneigung.*

Begründung: Wenn man davon ausgeht, daß eine planende Vorgehensweise bei planbaren Aufgaben leistungssteigernd wirkt, so kann man daraus schlußfolgern, daß Personen die im allgemeinen dazu tendieren, ihre Handlungen zu planen (hohe Planungsneigung), auch bessere Leistungen bei solchen Aufgaben erbringen werden. Die besseren Leistungen dieser hoch "planungsgeneigten" Personen entstehen dadurch, daß sie falsche oder weniger effektive Vorgehensweisen von vornherein ausschließen und durch die Planung eher den optimalen Handlungsweg finden. Desweiteren hat häufiges Planen den Vorteil, daß die Planungsfähigkeit generell verbessert wird: Personen mit einer hohen Planungsneigung werden öfter planen, daher verschiedene Formen der Handlungsplanung kennen und anwenden, und dadurch wiederum eher in der Lage sein, qualitativ hochwertigere Pläne zu erstellen als Personen, die nur sehr selten oder überhaupt nicht ihre Handlungen planen (mittlere bzw. geringe Planungsneigung).[4]

9.2.3. Beziehungen zwischen "Planungsneigung" und anderen Personenmerkmalen

Eine weiteres Problem der Forschung zum Konzept der Planungsneigung besteht darin, darüber Klarheit zu erlangen, ob es Zusammenhänge zwischen der Planungsneigung einer Person und anderen Personenmerkmalen gibt. Dabei muß an erster Stelle nach den Personenmerkmalen gefragt werden, die die Ausprägung der individuellen Planungsneigung beeinflussen. Dies ist - allgemein formuliert - die Frage nach der Motivation zur Planung.

Ein theoretisches Hilfsmittel zur Klärung dieser Frage stellen die handlungstheoretisch begründbaren Motivationstheorien dar. Eine der bekanntesten ist das "Erweiterte Motivationsmodell" von HECKHAUSEN (1980). Dieses Modell stellt allerdings keinen direkten Bezug zu handlungs-

---

[4]An dieser Stelle sei bereits darauf hingewiesen (siehe dazu auch Methodikteil/ Hauptuntersuchung), daß es bei der Untersuchung des Zusammenhanges Planungsneigung und Leistung notwendig war, die eventuell vorhandenen Einflüsse der intellektuellen sowie mnestischen Befähigungen der Versuchspersonen auf die jeweilige Leistung mit zu kontrollieren. Konkret wurde deshalb in der Hauptuntersuchung die Intelligenz, die individuelle Arbeitsgedächtniskapazität sowie die Merkfähigkeit/ Gedächtniskapazität erfaßt, da die Vermutung naheliegt (HUSSY 1983, 1991, FUNKE 1983, ANDERSON 1983, 1993, KOTOVSKY, HAYES & SIMON 1985, KLAUER 1993), daß diese intellektuellen Befähigungen die Leistung bei der Lösung der für die Untersuchung ausgewählten experimentellen Tätigkeit mit beeinflussen würden. (Aufgrund des erkundenden Charakters wurde dieser Punkt in der Voruntersuchung nicht mit berücksichtigt.)

theoretisch begründbaren Persönlichkeitseigenschaften dar. Sollen diese aber hinsichtlich ihrer "planungsveranlassenden" Wirkung näher untersucht werden, so ist es notwendig, HECKHAUSEN's Theorie zu erweitern. Diesen Versuch unternimmt KRAMPEN (1987) mit seinem Konzept der "Generalisierten Erwartungshaltungen".

KRAMPEN geht davon aus, "...daß auf allen Konstruktebenen (gemeint sind die verschiedenen Erwartungen des HECKHAUSEN- Modells, B.W.) ein Generalisierungslernen stattfindet, das zu unterscheidbaren, situativ und zeitlich relativ stabilen Variablen führt, am Hand derer Personen und interindividuelle Unterschiede beschrieben werden können" (KRAMPEN 1987, S. 43, siehe Abb. 15).

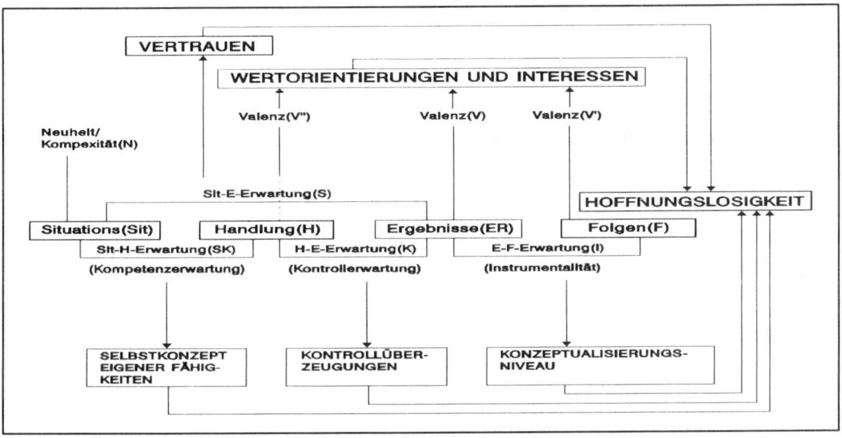

Abb. 15: Differenziertes Erwartungs- Wert- Modell mit zugeordneten persönlichkeitsspezifischen Konstrukten. (aus KRAMPEN: Handlungstheoretische Persönlichkeitspsychologie 1987, S. 94).

Ausgehend von diesen Modellvorstellungen lassen sich die folgenden Hypothesen formulieren:

H. 4.1: *Personen mit internaler Kontrollüberzeugung haben eine höhere Planungsneigung als Personen mit externaler Kontrollüberzeugung.*

Begründung: Mit dem Begriff Kontrollüberzeugung wird beschrieben, inwieweit Menschen ihr eigenes Handeln als selbstbestimmt (internale Kontrollüberzeugung) bzw. als fremdbestimmt (d.h. abhängig von Schicksal, Glück, Pech, Zufall oder mächtigeren Personen: externale Kontrollüberzeugung) einschätzen. Da eine Möglichkeit zur selbstbestimmten Beeinflussung der Umwelt darin besteht, diese planvoll zu gestalten, werden Personen mit internaler Kontrollüberzeugung auch häufiger planen und deshalb auch eine höhere Planungsneigung besitzen als Personen mit externaler Kontrollüberzeugung.

H. 4.2: Personen mit einem hohen Selbstkonzept haben eine höhere Planungsneigung als Personen mit einem geringen Selbstkonzept.

Begründung: Mit dem Begriff "Selbstkonzept" wird beschrieben, welches Bild eine Person von sich selbst hat. Dazu gehört auch die Einschätzung der eigenen Leistungsfähigkeit. Personen die ihre eigene Leistungsfähigkeit als gering einschätzen, werden auch weniger planen, da ihnen die Überzeugung fehlt, mit ihren eigenen Fähigkeiten die Umwelt bewußt und zielgerichtet beeinflussen zu können.

H. 4.3: Hoffnungsstarke Personen haben eine höhere Planungsneigung als hoffnungsschwache Personen.

Begründung: Eine Person, die sich im Zustand der Hoffnungslosigkeit befindet, "...scheint willenlos zu sein, ist passiv, im Denken und Verhalten verlangsamt,...eigene Ziele werden als unrealistisch aufgegeben..." (KRAMPEN 1979, S. 39). Da Pläne zumeist erstellt werden, um durch anschließendes Handeln diese Pläne in die Realität umzusetzen, den hoffnungsschwachen Personen diese Handlungsbereitschaft aber fehlt, kann man vermuten, daß diese Personen auch weniger planen werden als hoffnungsstarke Personen.

H. 4.4: Handlungsorientierte Person haben eine höhere Planungsneigung als lageorientierte Personen.

Begründung: Personen, die durch einen hohen Grad an Handlungsorientierung gekennzeichnet sind, richten ihre kognitiven Aktivitäten auf Handlungsalternativen bzw. auf Pläne, die die Überwindung der Diskrepanz zwischen gegenwärtigen und intendierten Zustand zur Folge haben. Handlungsorientierung wird demnach "...durch das Fokussieren auf Handlungspläne zur Veränderung eines perzipierten Zustandes definiert" (KUHL 1987, S. 106). Demzufolge kann vermutet werden, daß "handlungsorientierte" Personen auch eine höhere Neigung zur Erstellung von Handlungsplänen haben als "lageorientierte" Personen.

H. 4.5: Reflexive Personen haben eine höhere Planungsneigung als impulsive Personen.

Begründung: "Reflexiv" im Sinne der kognitiven Stile ist eine Person genau dann, wenn sie bedachtsam überlegt, ihre Entscheidungen lange abwägt und sorgfältig und konzentriert zu erledigende Aufgaben löst (HIEBSCH 1986). Demzufolge kann vermutet werden, daß diese "reflexiven"

Personen auch eine höhere Planungsneigung haben, als "impulsive" Personen, die dadurch gekennzeichnet sind, daß sie schnell auf äußere Reize ansprechen, sich rasch entscheiden und spontan handeln.

9.3. Die Voruntersuchung

Zur Klärung der oben dargelegten Fragestellungen und Hypothesen wurde zunächst eine Pilotstudie mit 20 Versuchspersonen durchgeführt. Ziel dieser Studie war vor allem die Beantwortung der Frage, welche Komplexität das Turm-von-Hanoi Paradigma besitzen muß, um individuelle Planungsprozesse auszulösen und damit die oben aufgeführten Fragestellungen zu klären. Wie bekannt, kann die Komplexität des Turm-von-Hanoi Paradigmas durch die Anzahl der umzustapelnden Scheiben variiert werden. KLIX (1971) konnte zeigen, daß die 6-Scheiben Variante für denkpsychologische Untersuchungen an intelligenten Oberschülern und Studenten der günstigste Schwierigkeitsgrad ist. Da in der nachfolgenden Untersuchung durchschnittlich begabte Versuchspersonen untersucht werden sollten, wurde für die Pilotstudie das Turm-von-Hanoi Paradigma in der 4-Scheiben Version eingesetzt (näheres dazu siehe Methodikteil).

Ein weiteres Anliegen der Pilotstudie war die Überprüfung der Anwendbarkeit der in der Hauptuntersuchung einzusetzenden Untersuchungsmethodik. Konkret wurde gefragt, ob man durch die Erstellung von *Lautes-Denken-Protokollen*[5] sowie durch die genaue *Registrierung des sichtbaren Lösungsverhaltens*, Rückschlüsse auf das individuelle Planungsverhalten der Versuchspersonen ziehen kann.

Dabei wurde von bereits durchgeführten Untersuchungen ausgegangen (z.B. ANZAI & SIMON 1979, VanLEHN 1991), in denen mit dieser Methodik erfolgreich das individuelle Problemlöse-

---

[5]Auf eine Diskussion des "Für und Wider" des Einsatzes von "Lautes-Denken-Protokollen" wird in dieser Arbeit weitestgehend verzichtet, da bereits eine Fülle von Arbeiten existieren, in der diese Problematik untersucht und besprochen wurde (siehe beispielsweise MERZ (1969), GAGNE & SMITH (1972), ERICSSON & SIMON (1980) oder HUSSY (1984)).

verhalten bei der Bearbeitung des Turm-von-Hanoi Paradigmas untersucht werden konnte. Da geplante Vorgehensweisen Bestandteil des individuellen Problemlöseverhaltens sein können, wurde auch im vorliegenden Fall auf diese Untersuchungsmethodik zurückgegriffen.

Natürlich sollte die Pilotstudie auch bereits schon einer Vorklärung der oben genannten Fragestellungen dienen.

9.3.1. Methodik

Versuchspersonen. Untersucht wurden insgesamt 20 Versuchspersonen (11 weibliche, 9 männliche). Die Versuchspersonen waren Studenten der Medizin an der Universität Leipzig (zweites bis viertes Studienjahr). Die Teilnahme am Versuch war freiwillig und wurde nicht vergütet. Das Durchschnittsalter der Versuchspersonen lag bei 22,3 Jahren. Sämtliche Versuchspersonen äußerten auf Befragen, daß sie keine Erfahrung mit der zu bearbeitenden Aufgabe hätten.

Versuchsaufbau. Bei der eingesetzten experimentellen Tätigkeit handelte es sich um ein modifiziertes Turm-von-Hanoi Paradigma in der 4-Scheiben Version (siehe oben). Das bedeutet, daß insgesamt 81 verschiedene Scheibenstellungen möglich sind (kürzester Lösungsweg 15 Züge). Die gesamte Experimentieranordnung befand sich auf einem vor der jeweiligen Versuchsperson stehenden Tisch, der Versuchsleiter saß seitlich hinter der Versuchsperson. Bei unerlaubten, den Instruktionen widersprechenden Zügen wurde den Versuchspersonen vom Versuchsleiter Fehlerrückmeldung gegeben, der falsche Zug mußte sofort zurückgenommen werden.

Versuchmaterial und Instruktionen. Das Versuchsmaterial bestand aus vier palettenähnlichen Holzrechtecken (zur besseren Auswertung der Lautes-Denken-Protokolle wurden die Scheiben farblich unterschiedlich gekennzeichnet), die sich auf einer Unterlage befanden, auf der ein "Ausgangslager", ein "Zwischenlager" sowie ein "Endlager" gekennzeichnet war. In den Instruktionen wurden die Versuchspersonen aufgefordert sich vorzustellen, daß sie eine Transportaufgabe auszuführen hätten, bei der vier Paletten - unter Beachtung der spezifischen Bedingungen des Turm-von-Hanoi Paradigmas - vom Ausgangslager durch "Umstapelungen" in das Endlager zu befördern sind. Inhalt der Instruktionen war weiterhin die Aufforderung, für diesen "Umstapelungsprozeß" durch genügend langes Überlegen vor dem Handlungsbeginn so wenig wie möglich falsche "Umstapelungen" vorzunehmen. Der Hinweis auf "genügend langes Überlegen" wurde gegeben, um den Redefinitionsspielraum der Aufgabe rahmenhaft einzugrenzen, dabei aber nicht des Erstellen eines Handlungsplanes zu erfordern. (vollständiger Wortlaut der Instruktionen siehe Anhang).

Erfassung personaler Voraussetzungen.

1. Zur Erfassung der individuellen Planungsneigung wurde der bereits mehrfach erwähnte Fragebogen SEPOD von KRASSEK (1989) eingesetzt (siehe Anhang).

2. Die Kontrollüberzeugung wurde mit dem IPC-Fragebogen von KRAMPEN (1981) erfaßt. Für die vorliegende Untersuchung wurde nur die Skala "Internalität" berücksichtigt.
3. Das Selbstkonzept wurde mit den Frankfurter Selbstkonzeptskalen von DEUSINGER (1986) erfaßt. Dabei wurden folgende Sub- Skalen eingesetzt:
a) Selbstkonzept der allgemeinen Leistungsfähigkeit
b) Selbstkonzept der allgemeinen Problembewältigung
c) Selbstkonzept der allgemeinen Verhaltens- und Entscheidungssicherheit
d) Selbstkonzept des allgemeinen Selbstwertes.
4. Zur Erfassung der Handlungsorientierung wurde der Fragebogen HAKEMP von KUHL (1985) eingesetzt. In der vorliegenden Untersuchung wurden nur die Skalen 1 und 3 verwendet.
5. Die Impulsivität wurde mit einer deutschen Version (RAU 1990) eines von EYSENCK & EYSENCK (1977) entwickelten Fragebogens erfaßt (siehe Anhang).

Der Einsatz der eben beschriebenen Fragebögen erfolgte aufgrund der oben dargestellten theoretischen Erläuterungen, aufgrund der Gütekriterien dieser Verfahren sowie aus versuchsökonomischen Gründen.

Abhängige und unabhängige Variablen. Aus den theoretischen Darlegungen wird ersichtlich, daß zur Beantwortung der oben aufgelisteten Fragestellungen zwei unabhängige Variablen postuliert werden mußten, einmal die Problemlöseleistung (Fragestellung 9.1) und daneben die Höhe der Planungsneigung (Fragestellung 9.2).

Zur Beantwortung der **Fragestellungen 9.1** wurde deshalb zunächst die Problemlöseleistung der Versuchspersonen erfaßt (unabhängige Variable). Wie bereits dargelegt ergab sich diese aus der Anzahl der durchgeführten Züge. Um so weniger Züge durchgeführt wurden desto besser war die Leistung. Davon ausgehend wurden drei Gruppen gebildet, in der ersten Gruppe befanden sich die Versuchspersonen mit den besten Leistungen, der zweiten Gruppe wurden die Versuchspersonen mit durchschnittlichen Leistungen zugeordnet und in der dritten Gruppe befanden sich die Versuchspersonen mit den vergleichsweise schlechtesten Leistungen. Abhängige Variablen ergaben sich aus der zeitlichen und inhaltlichen (Lautes-Denken-Protokolle) Registrierung des Lösungsverhaltens der Versuchspersonen. Aus der zeitlichen Registrierung des Lösungsverhaltens ergab sich folgende Auswertungskategorie:

1. "Primärzeit": Zeit vom Startkommando des Versuchsleiters bis zur Ausführung des ersten Zuges im Verhältnis zur Gesamtlösungszeit (Angaben in Prozent). (Die zur Beantwortung der Hypothesen 1.2 und 1.3 notwendige Erfassung der Anzahl und der zeitlichen Ausdehnung der Handlungsunterbrechungen erfolgte aus versuchstechnischen Gründen nur in der Hauptuntersuchung.)

Weitere abhängige Variablen ergaben sich aus den Lautes-Denken-Protokollen. Die in diesen Protokollen festgehaltenen sprachlichen Äußerungen wurden nach einem vorher festgelegten Kategoriensystem inhaltsanalytisch ausgewertet (MAYRING 1989). Die Konstruktion dieses Kategoriensystems erfolgte auf der Grundlage der eingangs aufgeführten Erläuterungen zu den beim Turm-von-Hanoi möglichen Vorgehensweisen zur geplanten Abarbeitung dieses Problemtyps. Im Folgenden werden diese Kategorien genannt und erläutert.

A - "vorwärtsgerichtete Zugantizipationen": Anzahl der Versuchspersonen, die vor dem Handlungsvollzug, ausgehend vom Ausgangszustand in Richtung Zielzustand (vorwärtsgerichtet), die Abfolge einzelner Züge als zu erwägen oder zu realisieren aussagten.

B - "Anzahl der vorausgedachten Züge": Mittlere Anzahl der vorausgedachten Züge, die die Versuchspersonen pro vorwärtsgerichteter Zugantizipation verbalisierten.

C - "rückwärtsgerichtete Zugantizipationen": Anzahl der Versuchspersonen, die vor dem Handlungsvollzug, ausgehend vom Zielzustand in Richtung Ausgangszustand (rückwärtsgerichtet), die Abfolge einzelner Züge als zu erwägen oder zu realisieren aussagten.

D - "Teilzielbildung pro Gruppe": Anzahl der Versuchspersonen, die vor dem Handlungsvollzug Teil- und Zwischenziele verbalisierten. (Dabei wurden die Teilziele mit berücksichtigt, die durch die aus der Literatur bekannten, beim Turm-von-Hanoi möglichen drei Zielbildungsstrategien "goal peg", "disk subgoaling" und "pyramid subgoaling" stammten.)

E - "Teilzielbildung pro Versuchsperson": Anzahl der unterschiedlichen Teil- und Zwischenziele, die während der Aufgabenlösung von der jeweiligen Versuchsperson verbalisiert wurden.

F - Anzahl der Versuchspersonen, die versuchten, die Regelhaftigkeiten des Turm-von-Hanoi Problems zu finden, um darauf aufbauend, einen Plan für die Bearbeitung dieses Problems zu erstellen.

Zur Beantwortung der **Fragestellungen 9.2** wurde eine andere unabhängige Variable[6] postuliert, hier wurden die Versuchspersonen auf der Grundlage der Auswertungsvorschrift des Fragebogens

---

[6]Besonders bei LEWIN (1986, S. 339) findet sich die Empfehlung, Daten zu gruppieren, und damit ein 'sehr nützliches und sinnvolles Vorgehen' zu gewährleisten. LEWIN betont weiterhin, daß es für die Zusammenfassung und Gruppierung der gewonnenen Daten keine gültigen Regeln gibt. Und weiter: "Das Ziel der Datenzusammenfassung besteht nämlich darin, auf der einen Seite Klarheit und einen Überblick hinsichtlich einer großen Datenmenge zu erlangen, auf der anderen Seite aber auf alle Fälle auch eine Datenverzerrung zu vermeiden und möglichst die Entdeckung möglicherweise interessanter Resultate durch die Zusammenfassung nicht zu behindern" (LEWIN 1986, S. 339). Um dieses Ziel zu erreichen, wurden im vorliegenden Fall die Werte einer Stichprobe zweimal gruppiert, einmal nach dem objektiv beobachtbaren Leistungskriterium "Anzahl der Züge" und danach nach einer externen Verfahrensnorm (Auswertevorschrift des SEPOD). Die Möglichkeit durch eine Gruppierung zu unabhängigen Variablen zu kommen, wird bei SPRUNG & SPRUNG (1984) erläutert. "Durch die gewählten methodischen Operationalisierungsvorschriften werden ... die internen Variablen ... in externe Variablen und damit Versuchsvariablen ... verwandelt. Beispielsweise werden Versuchspersonen ... in Gruppen mit unterschiedlichen Ausgangswerten geschichtet. Dadurch wird diese Bedingung als unabhängige Variable ... variierbar" (SPRUNG & SPRUNG 1984, S. 111).

SEPOD hinsichtlich ihrer Planungsneigung eingeteilt. Die Planungsneigung hat drei Stufen (hoch, mittel, gering), demzufolge ergaben sich auch drei Gruppen (Versuchspersonen mit hoher, mittlerer und geringer Planungsneigung).

Als abhängige Variable wurde zur Beantwortung der **Fragestellung 9.2.1** der Parameter "Primärzeit" erfaßt.

Zur Beantwortung der **Fragestellung 9.2.2** wurde als abhängige Variable die Leistung der Versuchspersonen bei der Lösung der Aufgabe (Anzahl der Lösungszüge) erfaßt.

Die Beantwortung der **Fragestellung 9.2.3** erfolgte durch korrelationsstatistische Methoden.

Versuchsdurchführung. Die Untersuchung fand im Zeitraum vom 05.11.1990 bis zum 03.12.1990 statt. Zunächst hatten die Versuchspersonen die Aufgabe, die experimentelle Tätigkeit durchzuführen. Anschließend wurden sie aufgefordert, den Fragebogen "SEPOD" auszufüllen. Danach wurden den Versuchspersonen die Fragebögen der "Frankfurter Selbstkonzeptskalen" und des "HAKEMP" sowie der Fragebogen zur Erfassung des kognitiven Stils "Impulsivität vs. Reflexivität zum Ausfüllen vorgelegt.

Statistische Auswertung. Die statistische Aufbereitung und Auswertung der ermittelten Daten erfolgte mit dem Computerprogramm SPSS. Zur Hypothesenüberprüfung kamen folgende statistische Verfahren zum Einsatz: Varianzanalyse (Prüfung von Mittelwertunterschieden), Kontingenztafel (Häufigkeitsunterschiede), Korrelationsstatistik.

9.3.2. Ergebnisse der Voruntersuchung

9.3.2.1. Fragestellung 9.1: Planungsverhalten und Leistung

Zur Auswertung der Fragestellung 9.1 wurde - wie im Methodikteil geschildert - ausgehend von dem erfaßten Leistungskriterium "Anzahl der Züge bei der Lösung der Aufgabe" drei Gruppen gebildet, die folgendes Aussehen haben:

Gruppe 1: In dieser Gruppe befinden sich die Versuchspersonen, die die optimale Lösungsvariante (15 Züge) finden konnten.

Gruppe 2: Dieser Gruppe wurden all jene Versuchspersonen zugeordnet, die vergleichsweise durchschnittliche Leistungen erbrachten. Die beste Versuchsperson in dieser Gruppe benötigte 17 Züge, die Versuchsperson mit der schlechtesten Leistung innerhalb dieser Gruppe benötigte 23 Züge (Gruppendurchschnitt: 19,3 Züge) zur Lösung der Aufgabe.

Gruppe 3: In der dritten Gruppe wurden diejenigen Versuchspersonen zusammengefaßt, die vergleichsweise unterdurchschnittliche Leistungen erbrachten (beste Leistung: 27 Züge, schlechteste Leistung: 37 Züge; Gruppendurchschnitt: 30,7 Züge).

Auf der Grundlage dieser Gruppenbildung konnte nun das Planungsverhalten der Versuchspersonen in Abhängigkeit von der Leistung verglichen werden. Eine Übersicht darüber gibt Tabelle 9.

TABELLE 9

Gruppenvergleich der Daten, die sich aus der zeitlichen und inhaltlichen (Lautes- Denken Protokolle) Registrierung des Lösungsverhaltens der Versuchspersonen ergaben (Mittelwerte).

	Gruppe 1	*Gruppe 2*	*Gruppe 3*	
Anzahl der Vpn.	7	6	7	
Anzahl der Züge	x=15,0	x=19,3	x=30,7	
Gesamtlösungszeit [in min]	x = 3,53 s = 1,36	x = 4,40 s = 1,05	x = 6,58 s = 2,42	F= 1,34 p> .05
Primärzeit [in %][7]	x = 60,6% s = 32,1	x = 32,3% s = 24,2	x = 33,4% s = 28,2	F= 2,01 p> .05
auswertbare Lautes-Denken Protokolle	6	4	1	χ^2= 7,67; p< .05

Bei der Betrachtung der in Tabelle 9 dargestellten Ergebnisse zeigt sich, daß es mit Hilfe der Parameter "Primärzeit" und Gesamtlösungszeit" nicht möglich war, signifikante Unterschiede im Planungsverhalten der Versuchspersonen bei der Lösung des Turm-von-Hanoi Paradigmas in der 4-Scheiben Version nachzuweisen. Trotzdem zeigen sich bei diesen Parametern zwei tendenzielle Befunde, die unbedingt erwähnt werden sollten. Ein erster erwähnenswerter *tendenzieller* Befund ist die Tatsache, daß die leistungsstarken Problemlöser im Mittel fast zwei Drittel ihrer gesamten Lösungszeit für die Vorbereitung ihrer

[7] Da es sich bei diesem Parameter um einen Verhältniswert handelt (Zeit vom Startkommando des Versuchsleiters bis zur Ausführung des ersten Zuges im Verhältnis zur Gesamtzeit) erfolgen die Angaben zur Planungszeit in Prozent.

Handlungen verwendeten (Kategorie "Primärzeit"). Im Unterschied dazu nutzten die Versuchspersonen mit durchschnittlichen bzw. unterdurchschnittlichen Leistungen nur ein Drittel ihrer Lösungsgesamtzeit für die Handlungsvorbereitung. Interessanterweise geht dieser erhöhte Zeitverbrauch für die gedankliche Vorbereitung der Aufgabenlösung nicht zu Lasten der Lösungsgesamtzeit. Im Gegenteil, die Versuchspersonen mit den besten Leistungen (Finden der Optimalvariante) benötigten *tendenziell* weniger Zeit für die Aufgabenlösung als die Versuchspersonen mit durchschnittlichen bzw. unterdurchschnittlichen Leistungen.

Ein weiteres, diesmal signifikantes Ergebnis zeigt sich bei der Betrachtung der Kategorie "Auswertbare Protokolle". Während von den sieben Versuchspersonen der Gruppe 3 (unterdurchschnittliche Leistungen) nur ein Lautes-Denken-Protokoll ausgewertet werden konnte, war es bei den leistungsstarken Problemlösern möglich, sechs Lautes-Denken-Protokolle auszuwerten. Dabei wurde dann von "auswertbaren Protokollen" gesprochen, wenn zumindest einmal lautsprachliche Äußerungen verzeichnet werden konnten, die Hinweise auf die Anwendung der im Methodikteil erläuterten Auswertungskategorien gaben. Aufgrund der insgesamt geringen Anzahl der auswertbaren Protokolle (11 auswertbare Protokolle bei 20 Versuchspersonen), mußte auf eine differen ziertere (Vergleich der Auswertungskategorien "A bis F" untereinander) inhaltliche Auswertung der Lautes-Denken-Protokolle verzichtet werden.

9.3.2.2. Fragestellung 9.2: Das Konzept von der Planungsneigung

Wie bereits im Methodikteil geschildert, war es zur Klärung der unter dem Punkt 9.2. zusammengefaßten Fragestellungen notwendig, eine andere Gruppenbildung als eben beschrieben vorzunehmen, die Versuchspersonen wurden nicht nach ihrer Leistung, sondern hinsichtlich ihrer fragebogengestützt ermittelten individuellen Planungsneigung eingeteilt. Zunächst wurde für den eingesetzten Fragebogen SEPOD und die untersuchte Stichprobe eine Faktorenanalyse berechnet. Die Ergebnisse sind in Tabelle 10 dargestellt.

TABELLE 10

3- Faktorenlösung des eingesetzten SEPOD Fragebogens für die untersuchte Stichprobe (n=20).

Item	*Faktor 1*	*Faktor 2*	*Faktor 3*	*Kommuna-litäten*
1	.859	.-006	.237	.795
2	.103	.751	-.445	.774
3	.633	.541	-.217	.741
4	-.038	.627	.429	.579
5	.674	.072	-.009	.460
6	.796	.3701	.-021	.771
7	.276	.186	.750	.671
8	.367	.390	.361	.418
9	.695	.403	.146	.667
10	.838	-.041	.161	.730
11	.686	.339	-.248	.649
12	.450	.613	-.024	.580
13	.067	.699	.019	.494
14	.277	.745	.264	.703
15	-.114	-.091	.823	.699

Allerdings sind die in Tabelle 10 abgebildeten Daten mit Vorsicht zu betrachten, da die dort zu sehenden Ergebnisse nur auf einer Datenmenge von 20 Versuchspersonen basieren. Das ist eine sehr geringe Versuchspersonenanzahl für eine Faktorenanalyse, wobei bezüglich der minimal notwendigen Versuchspersonenanzahl beispielsweise CLAUSS, FINZE & PARTZSCH (1994) feststellen, daß es bisher keine einheitliche Festlegung gibt. "So fordert HORST z.B. für den Einsatz der R- Technik, daß mindestens dreimal so viele Versuchspersonen wie extrahierte Faktoren ($n \geq 3m$) notwendig sind, PAWLIK fordert 60 - 80 Versuchspersonen ($n \geq 60 - 80$)" (CLAUSS, FINZE & PARTZSCH 1994, S. 307). WEBER geht sogar noch weiter: "Den faktorenanalytischen Untersuchungen sollen Merkmalsbeobachtungen an etwa n = 100 bis 150 Individuen zugrundegelegt werden" (WEBER 1974, S.15).

In der Voruntersuchung wurde auf eine Interpretation der einzelnen Faktoren verzichtet, berücksichtigt wurde immer nur der Gesamtwert Planungsneigung.

Mit Hilfe der Normierung des eingesetzten Fragebogens SEPOD ist es möglich, eine Unterteilung in gering, mittel und hoch planungsgeneigte Personen vorzunehmen. Es ergaben sich drei Gruppen mit den folgenden statistischen Werten:

Gruppe A: Versuchspersonen mit geringer Planungsneigung
n = 5 Vpn; x = 31,6; s = 3,21

Gruppe B: Versuchspersonen mit mittlerer Planungsneigung
n = 11 Vpn; x = 45,3; s = 5,48

Gruppe C: Versuchspersonen mit hoher Planungsneigung
n = 4 Vpn; x = 63,5; s = 3,11

Ausgehend von dieser Gruppenbildung wurde nun versucht, die oben aufgestellten Fragestellungen zu klären.

a) Fragestellung 9.2.1: Der Zusammenhang zwischen fragebogengestützter Erfassung der Planungsneigung und dem realen Planungsverhalten

Zur Beantwortung der Fragestellung 9.2.1 wurde die Korrelation zwischen der fragebogengestützt ermittelten Planungsneigung und den Parametern "Primärzeit" berechnet. Zur besseren Verdeutlichung der gefundenen Ergebnisse wurde zusätzlich innerhalb der oben beschriebenen Gruppen der Mittelwert für die genannten Kategorien berechnet und in Abbildung 16 grafisch dargestellt.

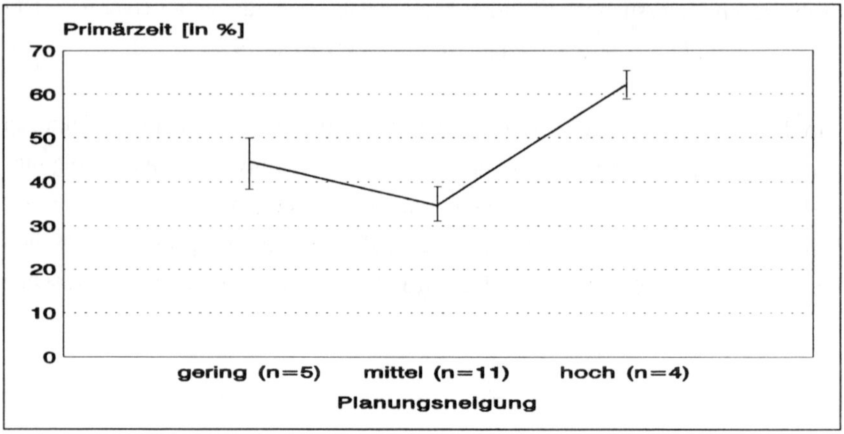

Abb. 16: Zusammenhang zwischen Planungsneigung und der Kategorie "Primärzeit". ($r = .257$, $p > .10$).

Bei der Betrachtung der in Abbildung 16 dargestellten Beziehungen zwischen der individuellen Planungsneigung der Versuchspersonen und deren Primärzeit, lassen sich keine signifikanten Zusammenhänge nachweisen. Lediglich zeigt sich ein nur tendenzieller Effekt: Versuchspersonen mit hoher Planungsneigung scheinen offenbar mehr Zeit für die Vorbereitung ihrer Handlungen zu verwenden als Versuchspersonen mit mittlerer bzw. geringer Planungsneigung (62,1% vs. 34,7% bzw. 44,5%). Auf eine Überprüfung der Zusammenhänge zwischen der erfragten Planungsneigung und dem realen Planungsverhalten in inhaltlicher Hinsicht wurde aufgrund der geringen Anzahl auswertbarer Lautes-Denken-Protokolle verzichtet.

b) Fragestellung 9.2.2: Der Zusammenhang zwischen Planungsneigung und Leistung

Zur Beantwortung der Fragestellung 9.2.2 wurde für die oben beschriebenen Gruppen der Mittelwert für die Leistung (Anzahl der Züge) berechnet und einer varianzanalytischen, sowie zusätzlich, einer korrelationsstatistischen Überprüfung unterzogen (siehe Abbildung 17).

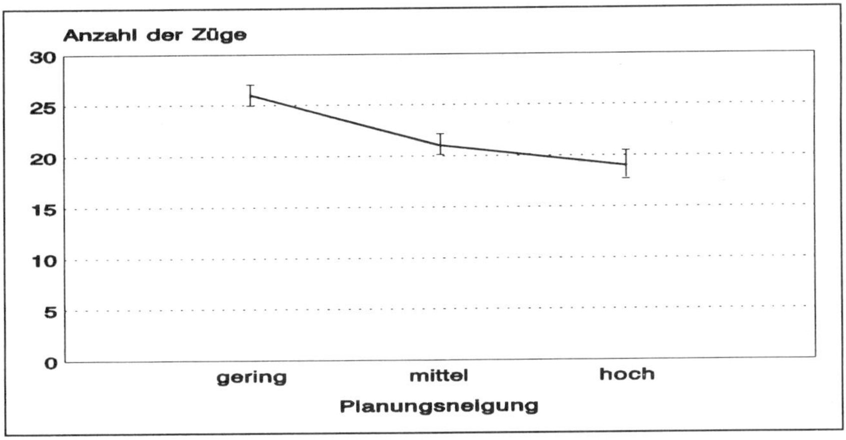

Abb. 17: Zusammenhang zwischen Planungsneigung und der Problemlöseleistung (Anzahl der Züge): $F= 1{,}84$; $r= -.244$, $p> .10$.

Auch hier zeigen sich keine signifikante Unterschiede, deutlich wird in Abbildung 17 wiederum ein nur tendenzieller Effekt der darin besteht, daß Versuchspersonen mit hoher Planungsneigung tendenziell bessere Leistungen erbringen konnten als Versuchspersonen mit geringer Planungsneigung: Während die Versuchspersonen mit hoher Planungsneigung im Durchschnitt lediglich 19,0 Züge zur vollständigen Aufgabenlösung benötigten, führten die Versuchspersonen mit geringer Planungsneigung im Durchschnitt 26,0 Züge durch, bevor sie den erwünschten Zielzustand erreichten.

c) Fragestellung 9.2.3: Das Personenmerkmal "Planungsneigung" und seine Beziehung zu anderen Personenmerkmalen

Zur Beantwortung der Fragestellung 9.2.3 wurden die fragebogengestützt erhobenen Werte für "Individuelle Planungsneigung", "Kontrollüberzeugung", "Selbstkonzept", "Handlungsorientierung" und "Impulsivität/ Reflexivität" einer korrelationsstatistischen Überprüfung unterzogen (siehe Tabelle 11).

TABELLE 11

Korrelative Zusammenhänge zwischen Planungsneigung (PN), Kontrollkonzept/ Internalität (Kontr.), Selbstkonzept (Selbst.), Impulsivität/ Reflexivität (Impuls.), Handlungsorientierung bei der Tätigkeitsausführung (HoT) sowie Handlungsorientierung bei der Handlungsplanung (HoP). ("**" = p< .01; "*" = p< .05; n=20).

	PN	Kontr.	Selbst.	Impuls.	HoT	HoP
PN	1.000	.093	-.058	-.609**	.051	.181
Kontr.		1.000	.663**	.324	.533**	.238
Selbst.			1.000	.186	.585**	.503 *
Impuls.				1.000	.501 *	-.201
HoT					1.000	.077
HoP						1.000

Aus den dargestellten Ergebnissen läßt sich erkennen, daß in der vorliegenden Untersuchung keine Zusammenhänge zwischen der Höhe der Planungsneigung und den Personenmerkmalen "Kontrollüberzeugung", "Selbstkonzept", und "Handlungsorientierung" nachgewiesen werden konnten. Die hierzu aufgestellten Hypothesen müssen folglich abgelehnt werden.

Anders verhält es sich bei dem vermuteten Zusammenhang zwischen der Höhe der Planungsneigung und dem Personenmerkmal "Impulsivität/ Reflexivität". Die berechnete Korrelation (r= -.609, p< .01) zeigt, daß mit zunehmender Impulsivität die Höhe der Planungsneigung abnimmt: Impulsive Versuchspersonen haben eine geringere Planungsneigung als reflexive Versuchspersonen.

9.3.3. Interpretation und Diskussion der Ergebnisse der Voruntersuchung

Betrachtet man die Ergebnisse der Voruntersuchung in ihrer Gesamtheit, so zeigt sich, daß die in den Hypothesen aufgestellten Vermutungen zum größten Teil nicht durch signifikante Zusammenhänge bestätigt werden konnten. Beachtenswert ist allerdings, daß sich bei manchen Fragestellungen (Fragestellung 9.1., 9.2.1. und 9.2.2.), tendenzielle Ergebnisse zeigten, die zum Teil nur sehr knapp das Signifikanzniveau verfehlten.

Dieser Sachverhalt zeigte sich beispielsweise bei der Untersuchung der Zusammenhänge zwischen dem Parameter "Primärzeit" und Leistung. Versuchspersonen die einen relativ großen Zeitanteil zur Vorbereitung ihrer Handlungen nutzten, erbrachten auch *tendenziell* bessere Ergebnisse als die Versuchspersonen, die nur wenig Zeit zur Vorbereitung ihrer Handlungen verwendeten. Es scheint also tatsächlich so zu sein, daß bei generell planbaren Aufgaben, das zeitaufwendige gedankliche Durchspielen der einzelnen Handlungsmöglichkeiten dazu führt, daß weniger falsche oder ineffektive Handlungsschritte durchgeführt werden, was letztendlich wiederum zu einer besseren Gesamtleistung führt. Allerdings ist diese Interpretation nur mit Vorbehalt zu akzeptieren, da es leider aufgrund der geringen Anzahl auswertbarer Lautes-Denken-Protokolle nicht möglich war, darüber Aussagen zu treffen, womit sich die Versuchspersonen innerhalb dieser zeitlichen Grenzen beschäftigten. Damit fehlt der Nachweis, daß die Versuchspersonen sich innerhalb der registrierten Zeit (Primärzeit) auch wirklich mit der Handlungsvorbereitung beschäftigten. Es ergibt sich demzufolge für die Hauptuntersuchung die Forderung, eine größere Versuchspersonenanzahl als in der Voruntersuchung mit einzubeziehen, damit genügend auswertbare Lautes-Denken-Protokolle zur Verfügung stehen.

Auch zum Konzept der Planungsneigung konnten bereits in der Voruntersuchung einige wichtige Erkenntnisse gesammelt werden.

So zeigte es sich, daß die individuelle Planungsneigung nicht mit verschiedenen, für die vorliegende Untersuchung ausgewählten Personenmerkmalen in Zusammenhang steht (Fragestellung 9.2.3.): Es fanden sich keine Beziehungen zu solchen Personenmerkmalen wie "Kontrollüberzeugung" (KRAMPEN 1987), "Selbstkonzept" (DEUSINGER 1986) und "Handlungsorientierung" (KUHL 1985). Dieses Ergebnis kann als ein weiterer Hinweis (KRASSEK 1989, HEISIG et al. 1992) für die Eigenständigkeit des Konstruktes Planungsneigung angesehen werden, wobei allerdings aufgrund der geringen Versuchspersonenanzahl vor einer Überbewertung dieses Ergebnisses gewarnt werden sollte. Beachtenswert sind die gefundenen Zusammenhänge zwischen der individuellen Planungsneigung und dem kognitiven Stil "Impulsivität/ Reflexivität". Es zeigte sich, daß "impulsive" Personen eine geringere Planungsneigung haben als "reflexive" Personen. Dieses Ergebnis ist sehr gut interpretierbar, da es einleuchtend scheint, daß Personen, die bedachtsam überlegen, ihre Entscheidungen lange abwägen und sorgfältig und konzentriert zu erledigende Aufgaben lösen (reflexiver Stil), sich auch mehr mit dem Aufstellen von Plänen beschäftigen (hohe Planungsneigung), als Personen, die schnell auf äußere Reize ansprechen, sich rasch entscheiden bzw. spontan handeln (impulsiver Stil).

Ein weiteres, unbedingt erwähnenswertes Ergebnis der Voruntersuchung ist die Tatsache, daß tendenzielle Zusammenhänge zwischen der fragebogengestützt erfaßten individuellen Planungsneigung der Versuchspersonen und deren realen Verhalten bei der Aufgabenlösung gefunden werden konnten. Versuchspersonen mit hoher Planungsneigung nutzten prozentual einen *tendenziell* höheren Zeitanteil zur Vorbereitung ihrer Handlungen als Versuchspersonen mit geringer Planungsneigung. Daneben muß erwähnt werden, daß dieser höhere Zeitanteil für die Handlungsvorbereitung offenbar auch die Leistung bei der Aufgabenbearbeitung beeinflußte. Versuchspersonen mit hoher Planungsneigung erbrachten *tendenziell* bessere Ergebnisse als Versuchspersonen mit geringer Planungsneigung. Allerdings müssen die beiden zuletzt erwähnten Befunde mit Vorsicht betrachtet werden, da keine signifikanten Unterschiede vorlagen. Dieser Sachverhalt kann zwei Ursachen haben. Eine mögliche Ursache könnte darin liegen, daß die eben erwähnten Ergebnisse zufällig zustande gekommen sind bzw. daß die gefundenen Zusammenhänge nur in äußerst geringer Ausprägung existieren. Eine andere Ursache für die nur tendenziellen, nicht signifikanten Unterschiede könnte aber auch darin liegen, daß der Schwierigkeitsgrad des experimentellen Paradigmas (**4-Scheiben Version** des Turm-von-Hanoi) für die Versuchspersonen zu gering war. Eine Hinweis für die Richtigkeit der zuletzt genannten Vermutung liegt darin, daß mehr als ein Drittel der Versuchspersonen in sehr kurzer Zeit die optimale Lösungsvariante fanden, und auch die Leistung der übrigen Versuchspersonen nicht sehr stark voneinander differierten. Aus diesem Grund wurde für die Hauptuntersuchung das Turm-von-Hanoi Paradigma in der **5-Scheiben Version** verwendet.

9.4. Die Hauptuntersuchung

Ausgehend von den Ergebnissen der Voruntersuchung sowie ausgehend von den obigen theoretischen Erläuterungen wurde die Hauptuntersuchung durchgeführt, in der in erster Linie drei wesentliche Änderungen gegenüber der Voruntersuchung vorgenommen wurden.

1. Untersuchung einer größeren Anzahl (40) von Versuchspersonen
2. Einsatz des Turm-von-Hanoi Paradigmas in einer schwierigeren Variante (5-Scheiben Version)
3. Erfassung intellektueller und mnestischer Befähigungen der Versuchspersonen (konkret: Intelligenz, Arbeitsgedächtniskapazität, Merkfähigkeit/ Gedächtnisleistung), um deren eventuell vorhandenen Einfluß auf den Zusammenhang Planungsneigung - Leistung zu kontrollieren (siehe Fußnote 4)

9.4.1. Methodik

Versuchspersonen. Untersucht wurden insgesamt 40 Versuchspersonen (20 weibliche, 20 männliche). Die Versuchspersonen waren wiederum 20 Studenten der Medizin an der Universität Leipzig (zweites bis sechstes Studienjahr), sowie 20 Berufstätige der unterschiedlichsten Branchen (Facharbeiter, Fachhochschul- und Hochschulabsolventen; genaue Beschreibung der Versuchspersonen siehe Anhang). Die Teilnahme am Versuch war freiwillig und wurde nicht vergütet. Das Durchschnittsalter der Versuchspersonen lag bei 25,53 ($s = 5,16$) Jahren. Sämtliche Versuchspersonen äußerten auf Befragen, daß sie keine Erfahrung mit der zu bearbeitenden Aufgabe hätten.

Versuchsaufbau. Bei der eingesetzten experimentellen Tätigkeit handelte es sich um ein modifiziertes Turm-von-Hanoi Paradigma in der 5-Scheiben Version (siehe oben). Das bedeutet, daß insgesamt 243 verschiedene Scheibenstellungen möglich sind (kürzester Lösungsweg 31 Züge). Die gesamte Experimentieranordnung befand sich auf einem vor der jeweiligen Versuchsperson stehenden Tisch, der Versuchsleiter saß seitlich hinter der Versuchsperson. Bei unerlaubten, den

Instruktionen widersprechenden Zügen wurde den Versuchspersonen vom Versuchsleiter Fehlerrückmeldung gegeben, der falsche Zug mußte sofort zurückgenommen werden.

Versuchsmaterial und Instruktionen. Das Versuchsmaterial bestand aus fünf palettenähnlichen Holzrechtecken (zur besseren Auswertung der Lautes-Denken-Protokolle wurden die Scheiben farblich unterschiedlich gekennzeichnet), die sich auf einer Unterlage befanden, auf der ein "Ausgangslager", ein "Zwischenlager" sowie ein "Endlager" gekennzeichnet war. In den Instruktionen wurden die Versuchspersonen aufgefordert sich vorzustellen, daß sie eine Transportaufgabe auszuführen hätten, bei der fünf Paletten - unter Beachtung der spezifischen Bedingungen des Turm-von-Hanoi Paradigmas - vom Ausgangslager durch "Umstapelungen" in das Endlager zu befördern sind. Inhalt der Instruktionen war weiterhin die Aufforderung, für diesen "Umstapelungsprozeß" durch genügend langes Überlegen vor dem Handlungsbeginn so wenig wie möglich falsche "Umstapelungen" vorzunehmen. Der Hinweis auf "genügend langes Überlegen" wurde deshalb gegeben, um den Redefinitionsspielraum der Aufgabenstellung rahmenhaft einzugrenzen, dabei aber nicht das Erstellen von Plänen zu fordern. (vollständiger Wortlaut der Instruktionen siehe Anhang).

Erfassung personaler Voraussetzungen.

1. Zur Erfassung der individuellen Planungsneigung wurde der bereits mehrfach erwähnte Fragebogen SEPOD von KRASSEK (1989) eingesetzt (siehe Anhang).
2. Die Hoffnungsstärke der Versuchspersonen wurde mit dem Fragebogen "Hoffnungslosigkeit" von KRAMPEN (1979) erfaßt.
3. Die Arbeitsgedächtniskapazität wurde mit dem Lesespannentest von VERES (1991) erfaßt (siehe dazu auch HACKER et al. 1994 sowie Anhang).
4. Die Intelligenz wurde mit dem Leistungsprüfsystem von HORN (1962) erfaßt.
5. Die Merkfähigkeit/ Gedächtniskapazität wurde mit dem Lern- und Gedächtnistest von BÄUMLER (1974) erfaßt.

Der Einsatz der eben beschriebenen Fragebögen und Tests erfolgte aufgrund der oben dargestellten theoretischen Erläuterungen, aufgrund der Gütekriterien dieser Verfahren sowie aus versuchsökonomischen Gründen.

Abhängige und unabhängige Variablen. Aus den theoretischen Darlegungen wird ersichtlich, daß zur Beantwortung der oben aufgelisteten Fragestellungen zwei unabhängige Variablen postuliert werden mußten, einmal die Problemlöseleistung (Fragestellung 9.1) und daneben die Höhe der Planungsneigung (Fragestellung 9.2).

Zur Beantwortung der **Fragestellungen 9.1** wurde deshalb zunächst die Problemlöseleistung der Versuchspersonen erfaßt (unabhängige Variable). Wie bereits dargelegt ergab sich diese aus der Anzahl der durchgeführten Züge. Um so weniger Züge durchgeführt wurden desto besser war die Leistung. Davon ausgehend wurden drei Gruppen gebildet, in der ersten Gruppe befanden sich die Versuchspersonen mit den besten Leistungen (minimale und fast minimale Zugzahl d.h. weniger als 30% Mehrzüge), der zweiten Gruppe wurden die Versuchspersonen mit durchschnittlichen Leistungen (30 bis 100% Mehrzüge) zugeordnet und in der dritten Gruppe befanden sich die Versuchspersonen mit den vergleichsweise schlechtesten Leistungen (mehr als 100% Mehrzüge). Abhängige

Variablen ergaben sich aus der zeitlichen und inhaltlichen (Lautes-Denken-Protokolle) Registrierung des Lösungsverhaltens der Versuchspersonen. Aus der zeitlichen Registrierung des Lösungsverhaltens ergaben sich folgende Auswertungskategorien:

1. "Primärzeit": Zeit vom Startkommando des Versuchsleiters bis zur Ausführung des ersten Zuges im Verhältnis zur Gesamtlösungszeit (Angaben in Prozent).
2. "Unterbrechungszeit": Durchschnittliche Dauer der einzelnen, während der Problembearbeitung eingefügten zeitlichen Sequenzen (Angaben in Sekunden), in denen keine Scheibe bewegt wurde. Von einer Handlungsunterbrechung wurde dann gesprochen, wenn sich eine Versuchsperson während der Aufgabenlösung *länger* als fünf Sekunden der Aufgabe zuwendete, ohne dabei Zug auszuführen. Oder anders formuliert: Eine Handlungsunterbrechung liegt dann vor, wenn zwischen der Ausführung von zwei Zügen mehr als fünf Sekunden Zeit vergeht.

Weitere abhängige Variablen ergaben sich aus den *Lautes-Denken-Protokollen*. Die in diesen Protokollen festgehaltenen sprachlichen Äußerungen wurden nach einem vorher festgelegten Kategoriensystem inhaltsanalytisch ausgewertet (MAYRING 1989). Die Konstruktion dieses Kategoriensystems erfolgte auf der Grundlage der eingangs aufgeführten Erläuterungen zu den, beim Turm-von-Hanoi möglichen Vorgehensweisen zur geplanten Abarbeitung dieses Problemtyps. Im Folgenden werden diese Kategorien genannt und erläutert.

A - "vorwärtsgerichtete Zugantizipationen": Anzahl der Versuchspersonen, die laut und deutlich vor dem Handlungsvollzug, ausgehend vom Ausgangszustand in Richtung Zielzustand (vorwärtsgerichtet), die Abfolge einzelner Züge ausprobierten.

B - "Anzahl der vorausgedachten Züge": Mittlere Anzahl der vorausgedachten Züge, die die Versuchspersonen pro vorwärtsgerichteter Zugantizipation verbalisierten.

C - "rückwärtsgerichtete Zugantizipationen": Anzahl der Versuchspersonen, die laut und deutlich vor dem Handlungsvollzug, ausgehend vom Zielzustand in Richtung Ausgangszustand (rückwärtsgerichtet), die Abfolge einzelner Züge ausprobierten.

D - "Teilzielbildung pro Gruppe": Anzahl der Versuchspersonen, die laut und deutlich vor dem Handlungsvollzug Teil- und Zwischenziele erstellten. (Dabei wurden die Teilziele mit berücksichtigt, die durch die aus der Literatur bekannten, beim Turm-von-Hanoi möglichen drei Zielbildungsstrategien "goal peg", "disk subgoaling" und "pyramid subgoaling" stammten.)

E - "Teilzielbildung pro Versuchsperson": Anzahl der unterschiedlichen Teil- und Zwischenziele, die während der Aufgabenlösung von der jeweiligen Versuchsperson verbalisiert wurde.

F - Anzahl der Versuchspersonen, die versuchten, die Regelhaftigkeiten des Turm-von-Hanoi Problems zu finden, um darauf aufbauend, einen Plan für die Bearbeitung dieses Problems zu erstellen.

Weitere abhängige Variablen ergaben sich aus der *Beobachtung* der Versuchspersonen bei der

Aufgabenbearbeitung, ergänzt durch die gleichzeitige Erfassung zeitlicher Parameter. Dadurch konnten weitere Kategorien gebildet werden:

G - "Anzahl der während des Handelns eingefügten Handlungsunterbrechungen" (Wie bereits weiter oben erwähnt, wurde dann von einer Handlungsunterbrechung gesprochen, wenn zwischen zwei Zügen mehr als fünf Sekunden Zeit verging.).

H - "Anzahl der Handlungsunterbrechungen im Verhältnis zur Gesamtzugzahl".

I - "mittlere Zugzahl zwischen den Handlungsunterbrechungen": Mittlere Anzahl der Züge, die im Durchschnitt jeweils zwischen zwei Handlungsunterbrechungen durchgeführt wurden.

Zur Beantwortung der **Fragestellungen 9.2** wurde eine andere unabhängige Variable postuliert[8], hier wurden die Versuchspersonen auf der Grundlage der Auswertungsvorschrift des Fragebogens SEPOD hinsichtlich ihrer Planungsneigung eingeteilt. Die Planungsneigung hat drei Stufen (hoch, mittel, gering), demzufolge ergaben sich auch drei Gruppen (Versuchspersonen mit hoher, mittlerer und geringer Planungsneigung).

Als abhängige Variablen wurde zur Beantwortung der **Fragestellung 9.2.1** die Parameter "Primärzeit", "Unterbrechungszeit" sowie die Auswertungskategorien B, E, G und I (Erläuterungen dieser Kategorien siehe oben) erfaßt.

Zur Beantwortung der **Fragestellung 9.2.2** wurde als abhängige Variable die Leistung der Versuchspersonen bei der Lösung der Aufgabe (Anzahl der Lösungszüge) erfaßt. Die Beantwortung der *Fragestellung 9.2.3* erfolgte durch korrelationsstatistische Methoden.

Versuchsdurchführung. Die Versuchsdurchführung erfolgt in zwei Sitzungen. In der ersten Sitzung hatten die Versuchspersonen die Aufgabe, die experimentelle Tätigkeit durchzuführen. Dabei wurden Lautes-Denken-Protokolle erstellt. Inhalt der ersten Sitzung war desweiteren die Erfassung der Merkfähigkeit/Gedächtnisleistung sowie der individuellen Arbeitsgedächtniskapazität. Mit Hilfe des Fragebogens von KRASSEK (1989) wurde die individuelle Planungsneigung ermittelt. Innerhalb der zweiten Sitzung wurde der Intelligenztest durchgeführt. Daneben wurde in der zweiten Sitzung den Versuchspersonen der Fragebogen zur Erfassung der Hoffnungslosigkeit (KRAMPEN) zum Ausfüllen vorgelegt.

Statistische Auswertung. Die statistische Aufbereitung und Auswertung der ermittelten Daten erfolgte mit dem Computerprogramm SPSS. Zur Hypothesenüberprüfung kamen folgende statistische Verfahren zum Einsatz: Varianzanalyse (Prüfung von Mittelwertunterschieden), Mehrfeldertafel (Häufigkeitsunterschiede), Multiple Regression, Korrelationsstatistik.

---

[8](siehe dazu Fußnote 6)

9.4.2. Ergebnisse

9.4.2.1. Fragestellung 9.1: Planungsverhalten und Leistung

Um zu Aussagen über die Anwendung und Effektivität verschiedener Vorgehensweisen zur Planentwicklung zu gelangen, wurden die Versuchspersonen hinsichtlich ihrer Leistung (Anzahl der Züge) in drei Gruppen eingeteilt (siehe Methodikteil). Daraus ergaben sich folgende Gruppen:

Gruppe 1 (*Leistungsstärkste Versuchspersonen, n=10*): Dieser Gruppe wurden die Versuchspersonen mit den vergleichsweise besten Leistungen zugeordnet (minimale und fast minimale Zugzahl, d.h. weniger als 30% Mehrzüge: 31...40 Züge). Fünf Versuchspersonen dieser Gruppe fanden die Optimalvariante (31 Züge), die Leistung der fünf anderen Versuchspersonen dieser Gruppe lag zwischen 32 und 39 Zügen (Gruppendurchschnitt: *33,7 Züge*).

Gruppe 2 (*Versuchspersonen mit durchschnittlichen Leistungen, n=18*): In dieser Gruppe wurden jene Versuchspersonen zusammengefaßt, die durchschnittliche Leistungen erbrachten (30...100% Mehrzüge: 41... 62 Züge; Gruppendurchschnitt: *48,3 Züge*; beste Leistung: 41 Züge, schlechteste Leistung: 60 Züge).

Gruppe 3 (*Versuchspersonen mit unterdurchschnittlichen Leistungen, n=12*): In der dritten Gruppe befinden sich jene Versuchspersonen, die nur vergleichsweise unterdurchschnittliche Leistungen (mehr als 100% Mehrzüge, d.h. mehr als 63 Züge) erbrachten. Die Versuchsperson mit den besten Leistungen in dieser Gruppe benötigte 66 Züge zur Aufgabenlösung, die Versuchsperson mit der schlechtesten Leistung brauchte 116 Züge (Durchschnitt:*85,5 Züge*).

1. Unterschiede im Planungsverhalten hinsichtlich zeitlicher Parameter. Zur Überprüfung des Zusammenhanges zwischen den zeitlichen Parametern und der Problemlöseleistung, wurden für die jeweiligen Gruppen die Mittelwerte für die Parameter "Primärzeit" sowie die "Unterbrechungszeit" berechnet und einer varianzanalytischen (siehe Abbildungen 18 und 19), sowie zusätzlich, einer korrelationsstatistischen Überprüfung unterzogen. Zunächst wurde die Unabhängigkeit der eben genannten Parameter berechnet, die Korrelation zwischen den Parametern "Primärzeit" und "Unterbrechungszeit" liegt bei r= -.004

(n=40, p> .10), es bestehen offenbar keine Zusammenhänge zwischen diesen beiden Parametern.

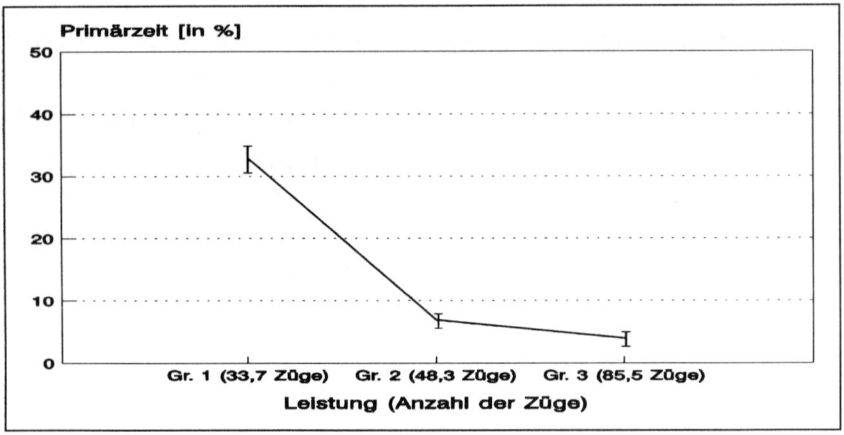

Abb. 18: Zusammenhang zwischen der gruppenabhängigen (Gruppe 1 (Gr.1) bis Gruppe 3 (Gr.3) Problemlöseleistung (Anzahl der Züge) und dem Parameter "Primärzeit"[9]. F = 12,06; p = .000; p< .01.

Wie man aus der Abbildung 18 erkennen kann, zeigen sich deutliche Unterschiede bei der leistungsabhängigen Analyse der Kategorie "Primärzeit". Während die leistungsstarken Problemlöser fast ein Drittel (32,9 %) ihrer Gesamtzeit zur vor der Ausführung des ersten Lösungszuges stattfindenden Handlungsvorbereitung nutzten, verwendeten die Versuchspersonen mit durchschnittlichen bzw. unterdurchschnittlichen Leistungen lediglich 6,9 % bzw. 4,0 % ihrer Lösungsgesamtzeit zur vor der Ausführung des ersten Lösungszuges stattfindenden Handlungsvorbereitung. Auch eine zusätzlich durchgeführte korrelationsstatistische Auswertung der gewonnenen Daten bestätigt diesen

[9]Da es sich bei diesem Parameter um einen Verhältniswert handelt (Zeit vom Startkommando des Versuchsleiters bis zur Ausführung des ersten Zuges im Verhältnis zur Gesamtzeit) erfolgen die Angaben zur Primärzeit in Prozent.

Befund (Korrelation zwischen Leistung (Anzahl der Züge) und Primärzeit: r = -.439; p< .01; n=40).

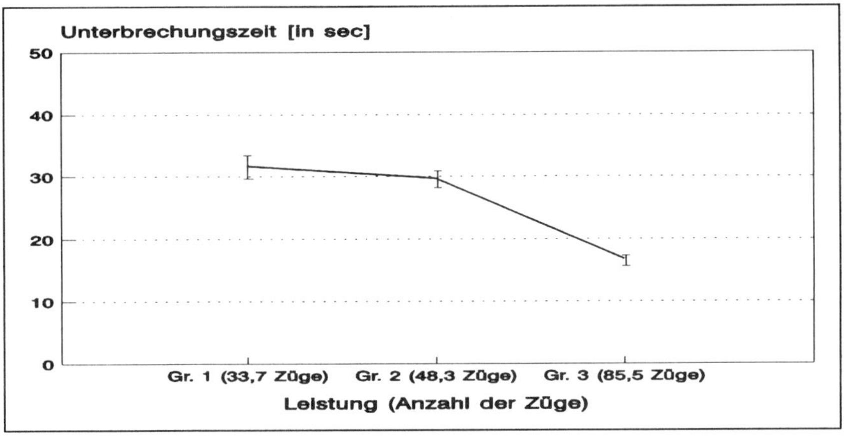

Abb. 19: Zusammenhang zwischen der Problemlöseleistung und der Auswertungskategorie "Unterbrechungszeit". F = 2,44; p= .102; p> .10.

Ähnliche Befunde zeigten sich auch bei der Betrachtung des Parameters "Unterbrechungszeit". Aus den in Abbildung 19 dargestellten Daten geht hervor, daß die leistungsstarken Problemlöser dazu tendierten (varianzanalytische Auswertung der Gruppenmittelwertunterschiede nicht signifikant, die zusätzlich durchgeführte korrelationsstatistische Auswertung zwischen Leistung und Unterbrechungszeit ergab eine signifikante Beziehung: r= -.419; p< .01; n=40), ihre in den Handlungsablauf eingefügten Handlungsunterbrechungen (Kategorie "Unterbrechungszeit") länger auszudehnen als die leistungsschwachen Problemlöser: Während bei den leistungsstarken Problemlösern die Handlungsunterbrechungen im Durchschnitt 31,7 Sekunden dauerten, betrug der Wert für die durchschnittliche Dauer der Handlungsunterbrechungen bei den Versuchspersonen mit unterdurchschnittlichen Leistungen lediglich 16,8 Sekunden.

Faßt man die beiden eben dargestellten Befunde zusammen, so kann als ein erstes wichtiges Ergebnis festgehalten werden, daß die vor (Primärzeit) aber auch während der Problembearbeitung (Unterbrechungszeit) "eingelegte" Zeit die Leistungen bei der Problembearbeitung beeinflußte: Je mehr Zeit eingelegt wurde, desto besser war die Problemlöseleistung. Die hierzu aufgestellten Hypothesen (Hypothesen 1.1 und 1.2) können somit angenommen werden.

Aufgrund dieses Ergebnisses muß an dieser Stelle gefragt werden, womit sich die Versuchspersonen in diesen, vor bzw. in die Problembearbeitung "eingelegten" Zeitabschnitten beschäftigt haben. Die ist die Frage nach den ***(2.) Unterschieden im Planungsverhalten hinsichtlich inhaltlicher Parameter.***

Um zu Aussagen über Unterschiede des individuellen Planungsverhaltens inhaltlicher Art zu gelangen, wurden die Lautes-Denken-Protokolle sowie die objektiv ermittelten Daten auf der Grundlage der im Methodikteil beschriebenen Kategorien ausgewertet. Zunächst wurde danach gefragt, wie häufig die in diesen Kategorien festgehaltenen möglichen Vorgehensweisen, unabhängig von den Leistungen der Versuchspersonen angewendet wurden. Dabei konnte festgestellt werden, daß sich in den Lautes-Denken-Protokollen bei keiner Versuchsperson Hinweise für Planungen auf der Grundlage rückwärtsgerichteter Zugantizipationen (Auswertungskategorie C) fanden. Ähnliches zeigte sich auch bei der regelbasierten Handlungsplanung (Auswertungskategorie F), bei lediglich drei Versuchspersonen konnten lautsprachliche Äußerungen registriert werden, in denen nach den Regelhaftigkeiten des Turm-von-Hanoi Problems *gefragt* wurde (*tatsächlich entdeckt* hat keine Versuchsperson die dem Turm-von-Hanoi zugrunde liegende Lösungsregel). Die hierzu aufgestellten Hypothesen können aus diesem Grund nicht beantwortet werden. Anders verhält es sich bei den vorwärtsgerichteten Zugantizipationen, bei der Teilzielbildung sowie bei der Möglichkeit, in den Handlungsablauf "Handlungsunterbrechungen" einzuschieben. Diese Vorgehensweisen wurden häufiger genutzt. Es konnte deshalb danach gefragt werden, wie häufig und wie intensiv die zuletzt genannten Vorgehensweisen in Abhängigkeit von der jeweiligen Leistung genutzt wurden. Eine Übersicht darüber gibt Tabelle 12.

TABELLE 12

Vergleich der verschiedenen Auswertungskategorien zwischen leistungsstarken, durchschnittlichen und leistungsschwachen Problemlösern (Häufigkeiten: Mehrfeldertafel (χ^2-Werte); Mittelwerte: Varianzanalyse (F-Werte))[10].

	Gruppe 1 (n=9)	*Gruppe 2 n=18)*	*Gruppe 3 (n=11)*	
A. Vorwärtsgerichtete Zugantizipationen (Häufigkeit) a) absolut b) prozentual	7 Vpn. 70,0%	7 Vpn. 38,8 %	1 Vp. 8,3 %	χ^2= 9.78; p = .007; p < .01
B. Anzahl der vorausbedachten Züge (Mittelwerte)	5,7 Züge s=1,8 (n=7)	3,2 Züge s=0,7 (n=7)	3,0 Züge - (n=1)	F= 11.58; p= .016; p< .05
D. Teilzielbildung (Häufigkeit) a) absolut b) prozentual	3 Vpn. 30,0 %	9 Vpn. 50,0 %	2 Vpn. 16,7 %	χ^2= 1.88; p = .392; p > .10
E. Teilzielbildung pro Vpn. (Mittelwerte)	x=1,67 s=0,58 (n=3)	x=2,33 s=1,81 (n=9)	x=1,00 s=1,00 (n=2)	F= 0.687; p= .523; p> .10
G. Anzahl der während des Handelns eingefügten Handlungsunterbrechungen	x=6,00 s=2,69	x=13,78 s=4,27	x=23,73 s=8,99	F= 23.71; p= .000; p< .01
H. mittlere Zugzahl zwischen den Handlungsunterbrechungen (MW)	x=6,39 s=2,27	x=3,92 s=1,59	x=3,97 s=1,53	F= 6.69; p= .003; p< .01

Wie man aus der Tabelle 12 erkennen kann zeigen sich deutliche Unterschiede bei der Analyse der vorwärtsgerichteten Zugantizipationen (Auswertungskategorie A). Hinsichtlich dieser Auswertungskategorie konnten bei 70 % der leistungsstarken Problemlöser, gegenüber 38,8 % der Versuchspersonen mit durchschnittlichen Leistungen, lautsprachliche Äußerungen registriert werden.

---

[10]Aufgrund technischer Probleme mit der Registriereinrichtung konnten zwei Lautes-Denken-Protokolle nicht ausgewertet werden; die hier dargestellten Daten beziehen sich demzufolge auf nur 38 Versuchspersonen.

Dagegen zeigten sich bei lediglich 8,3 % der Versuchspersonen mit den vergleichsweise schlechten Leistungen lautsprachliche Äußerungen hinsichtlich dieser Auswertungskategorie. Daraus läßt sich schlußfolgern, daß mit zunehmender Leistung auch die Anwendungshäufigkeit dieser Vorgehensweise höher war. Damit kann Hypothese 1.4 angenommen werden.

Zudem konnte gefunden werden, daß diese Vorgehensweise von den leistungsstarken Problemlösern offenbar intensiver genutzt wird: Die Versuchspersonen dieser Gruppe verbalisierten im Mittel mehr Züge im voraus als die Versuchspersonen mit durchschnittlichen bzw. unterdurchschnittlichen Leistungen (Auswertungskategorie B: 5,7 Züge vs. 3,0 Züge). Auch Hypothese 1.5 kann somit durch die gewonnenen Daten bestätigt werden.

Ein anderes Bild zeigt sich bei den unter den Buchstaben D und E zusammengefaßten Ergebnissen (Teil- und Zwischenzielbildung). Hier zeigen sich weder bei der Anwendungshäufigkeit der Teil- und Zwischenzielbildung (Auswertungskategorie D) zwischen den Gruppen, noch bei der mittleren Anzahl der durchschnittlich gebildeten Teil- und Zwischenziele signifikante Unterschiede. Die hierzu aufgestellten Hypothesen (Hypothese 1.6 und 1.7) müssen folglich abgelehnt werden.

Wiederum eindeutiger sind dagegen die Zusammenhänge bei der Betrachtung der sogenannten "Handlungsunterbrechungen". Die Versuchspersonen mit den besten Leistungen fügten in ihren Handlungsablauf die wenigsten Handlungsunterbrechungen ein, die Versuchspersonen mit den vergleichsweise schlechtesten Leistungen benötigten die meisten Handlungsunterbrechungen (Auswertungskategorie G). Dieser Zusammenhang kann allerdings nur mit Vorbehalten betrachtet werden, da die logische Folge der höheren Zugzahl der Versuchspersonen mit den durchschnittlichen bzw. unterdurchschnittlichen Leistungen auch ein Ansteigen der Anzahl der Handlungsunterbrechungen ist. Setzt man allerdings die Handlungsunterbrechungen in Beziehung zur Gesamtzugzahl (ergibt sich aus der Auswertungskategorie H: mittlere Zugzahl zwischen den Handlungsunterbrechungen), dann kann man feststellen, daß dieser Zusammenhang erhalten bleibt: Die leistungsstarken Problemlöser fügen eine größere Anzahl von Zügen zwischen die einzelnen Handlungsunterbrechungen ein, sie integrieren damit also weniger Handlungsunterbrechungen in ihren Lösungsablauf. Da in der Hypothese 1.3 vermutet wurde, daß die leistungsstarken Problemlöser die meisten Handlungsunterbrechungen in ihren Handlungsablauf einfügen, die Ergebnisse aber zeigen, daß genau das Gegenteil der Fall ist, muß Hypothese 1.3 abgelehnt werden. Zusammenfassend kann somit festgehalten werden, daß die besten Problemlöser zwar weniger Handlungsunterbrechungen in ihren Handlungsablauf integrierten, dafür aber diese Handlungsunterbrechungen zeitlich länger ausdehnten.

Aufgrund des zuletzt genannten Ergebnisses und der unter Punkt 9.4.2.1.1. dargestellten Ergebnisse muß an dieser Stelle gefragt werden, ob der für die Handlungsvorbereitung verwendete größere (zeitliche) Aufwand die Gesamtlösungszeit erhöhte. Dies war nicht der Fall, der erhöhte (Zeit-) Aufwand für die Handlungsvorbereitung hatte keinen negativen Effekt auf die Gesamtlösungszeit. Im Gegenteil: Diejenigen Versuchspersonen, die relativ viel Zeit für die Vorbereitung ihrer Handlungen (Primärzeit, Unterbrechungszeit) verwendeten, benötigen tendenziell (nicht signifikant) weniger Zeit für die Lösung der Aufgabe (siehe Abbildung 20).

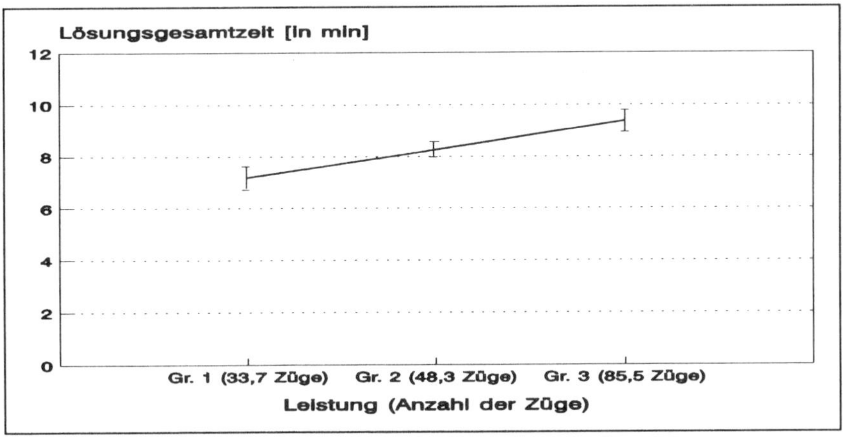

Abb. 20: Zusammenhang zwischen der Problemlöseleistung und der Gesamtlösungszeit. F = 0,90; p= .414; p> .10.

9.4.2.2. Fragestellung 9.2: Das Konzept von der Planungsneigung

Wie bereits im Methodikteil geschildert, war es zur Klärung der unter dem Punkt 9.2. zusammengefaßten Fragestellungen notwendig, eine andere Vorgehensweise als eben beschrieben vorzunehmen, die Versuchspersonen wurden nicht nach ihrer Leistung, sondern hinsichtlich ihrer fragebogengestützt ermittelten individuellen Planungsneigung eingeteilt. Zunächst wurde für den eingesetzten Fragebogen SEPOD und die untersuchte Stichprobe eine Faktorenanalyse berechnet (Tabelle 13).

TABELLE 13

3- Faktorenlösung des eingesetzten SEPOD Fragebogens für die untersuchte Stichprobe (n=40).

Item	*Faktor 1*	*Faktor 2*	*Faktor 3*	*Kommunalitäten*
1	-.055	.561	.277	.395
2	.291	.745	.180	.673
3	.249	.747	.363	.753
4	.795	.015	-.062	.636
5	.451	.075	.022	.210
6	.761	.115	-.031	.594
7	.030	.261	.660	.505
8	.172	.264	.781	.710
9	.655	.038	.157	.456
10	.584	.471	.079	.576
11	.661	-.151	.468	.627
12	.615	.041	.135	.398
13	.779	.039	.216	.655
14	.127	-.063	.778	.625
15	-.141	.649	-.258	.508

Bei der Betrachtung der in Tabelle 13 dargestellten Daten sollte auch hier wiederum beachtet werden (siehe dazu S. 113 ff. der vorliegenden Arbeit), daß die berechneten Werte nur auf einer Versuchspersonenanzahl von 40 Versuchspersonen basieren.

Auf eine genauere Interpretation der durch die Berechnung der Faktorenanalyse gewonnenen Daten soll deshalb auch verzichtet werden, zumal bei der nachfolgenden Ergebnisdarstellung und Ergebnisinterpretation (Ausnahme: Tabelle 14, s.u.) nur stets der Gesamtwert Planungsneigung berücksichtigt wird.

a) Fragestellung 9.2.1: Der Zusammenhang zwischen fragebogengestützter Erfassung der Planungsneigung und dem realen Planungsverhalten

Zur Beantwortung der Fragestellung 9.2.1 wurde zunächst überprüft, ob es Zusammenhänge zwischen der erfragten Planungsneigung und zeitlichen sowie inhaltlichen Charakteristika des während der Problembearbeitung tatsächlich realisierten Planungsverhaltens gibt. Dazu wurde eine korrelationsstatistische Überprüfung zwischen der fragebogengestützt erfaßten Planungsneigung bzw. den dazugehörigen Subskalen "Variantenerwägung", "Planungsökonomie" und "Planungshorizont" und den Parametern "Primärzeit", "Unterbrechungszeit" (zeitliche Charakteristika) sowie den, sich auf inhaltliche Charakteristika beziehenden Auswertungskategorien B (mittlere Anzahl der vorausgedachten Züge), D (Teilzielbildung pro Versuchsperson) und H (mittlere Zahl der Züge zwischen den Handlungsunterbrechungen) durchgeführt und in Tabelle 14 dargestellt. Da in den Lautes-Denken-Protokollen nur bei insgesamt 15 bzw. 14 Versuchspersonen lautsprachliche Äußerungen hinsichtlich der Auswertungskategorien B (mittlere Anzahl der vorausgedachten Züge; 15 Versuchspersonen) und D (Teilzielbildung pro Versuchsperson; 14 Vpn.) registriert werden konnten, beziehen sich die im unteren Teil der Tabelle 14 angegebenen Korrelationskoeffizienten auf eine geringere Versuchspersonenanzahl als die Werte im oberen Teil der Tabelle 14 (siehe nächste Seite).

TABELLE 14

Korrelativer Zusammenhang zwischen der fragebogengestützt ermittelten Planungsneigung und dem während der Problembearbeitung tatsächlich realisierten Planungsverhalten der Versuchspersonen. ("*"=.05; "**"=.01; "***"=.001).

n = 40	Planungs-neigung	Varianten-erwägung	Planungs-ökonomie	Planungs-horizont
1. Primärzeit	* .311	* .300	.083	* .313
2. Unterbrechungszeit	* .323	.136	*** .493	.194
H. Mittlere Zugzahl zwischen den Handlungsunterbrechungen	.273	.134	* .334	.196

n = 15	Planungs-neigung	Varianten-erwägung	Planungs-ökonomie	Planungs-horizont
B. Anzahl der vorausbedachten Züge (Mittelwerte)	.336	.269	.010	.407

n = 14	Planungs-neigung	Varianten-erwägung	Planungs-ökonomie	Planungs-horizont
E. Anzahl der verbalisierten Teilziele (Mittelwerte)	.211	.084	.191	.342

1. zeitliche Charakteristika

Deutlich kann man aus der Tabelle 14 erkennen, daß es einen Zusammenhang zwischen der erfragten Planungsneigung und den Parametern "Primärzeit" und "Unterbrechungszeit" gab. Je höher die individuelle Planungsneigung der Versuchspersonen war, desto höher war auch der für die Handlungsvorbereitung genutzte Zeitanteil vor (Primärzeit) und während der Problembearbeitung (Unterbrechungszeit). Der Grund für die zwar signifikanten, aber doch relativ niedrigen korrelativen Zusammenhänge zwischen der individuellen Planungsneigung und den Parametern Primärzeit bzw. Unterbrechungszeit liegt offenbar in der bereits erwähnten Tatsache, daß die Versuchspersonen mit hoher Planungsneigung dazu tendierten, einen hohen Zeitanteil für die Handlungsvorbereitung entweder *vor* (Primärzeit) **oder** *während* (Unterbrechungszeit) der Aufgabenlösung zu verwenden, nicht aber *vor* **und** *während* ihres Handelns (Primärzeit/ Unterbrechungszeit: r= -.004, p> .10).

Weiterhin kann man aus der Tabelle 14 erkennen, daß in der vorliegenden Untersuchung auch Zusammenhänge zwischen den Parametern Primärzeit und Unterbrechungszeit und den einzelnen Unterskalen des Fragebogens SEPOD gefunden werden konnten. So zeigt sich, daß die Versuchspersonen die einen relativ hohen Zeitanteil der Lösungsgesamtzeit für die Handlungsvorbereitung *vor* der Ausführung des ersten Lösungsschrittes verwenden, zur ausgeprägten Erwägung verschiedener Vorgehensweisen bzw. zum langen Nachdenken über das "Wie" des Tuns (Sub-Skala: "Variantenerwägung") neigen sowie einem weiten Planungshorizont (Sub-Skala: "Planungshorizont") haben. Bei den Versuchspersonen die dagegen dazu tendieren, *während* der Aufgabenbearbeitung ihre Handlungen zu unterbrechen (Unterbrechungszeit), können eher hohe Werte in der Skala "Planungsökonomie" verzeichnet werden. Festzuhalten bleibt, daß aufgrund der referierten Korrelationen zwischen dem Gesamtwert Planungsneigung und den zeitlichen Parametern, davon geprochen werden kann, daß das selbteingeschätzte und tatsächlich realisierte Planungsverhalten in zeitlicher Hinsicht weitestgehend übereinstimmt: Versuchspersonen mit hoher Planungsneigung verwenden mehr Zeit für die Handlungsvorbereitung vor und während der Handlung. Aus Plausibilitätsgründen liegt es nahe zu schlußfolgern, daß ein zumindest sehr großer Teil dieser Zeit für die Planung der einzelnen Handlungsschritte verwendet wird.

2. inhaltliche Charakteristika

Zur Absicherung der zuletzt genannten Schlußfolgerung, ist es notwendig, auch auf inhaltliche Aspekte der Zusammenhänge zwischen erfragtem und tatsächlich realisiertem Planungsverhalten einzugehen.

Wie man aus Tabelle 14 erkennen kann, zeigte sich ein tendenzieller (nicht signifikanter) Zusammenhang zwischen der fragebogengestützt erfaßten Planungsneigung und der durchschnittlichen Anzahl der Züge zwischen den

"Handlungsunterbrechungen": Versuchspersonen mit hoher Planungsneigung tendieren dazu, eine größere Anzahl von Zügen zwischen die einzelnen Handlungsunterbrechungen zu integrieren, sie fügen also letztendlich weniger Handlungsunterbrechungen in ihren Lösungsablauf ein, dehnen diese aber zeitlich länger aus (siehe dazu auch den oben dargestellten Befund Planungsneigung/ Unterbrechungszeit). Erwähnenswert ist desweiteren der signifikante korrelative Zusammenhang zwischen der eben erwähnten Auswertungskategorie und der Subskala "Planungsökonomie". Versuchspersonen mit hohen Werten in der Subskala "Planungsökonomie" integrieren eine größere Anzahl von Zügen zwischen die einzelnen Handlungsunterbrechungen als Versuchspersonen mit geringen Werten in der Subskala "Planungsökonomie.

Ebenfalls wieder nur tendenzielle Zusammenhänge zeigen sich bei der Betrachtung der mittleren Anzahl der vorausbedachten Züge. Versuchspersonen die sich selbst als hoch planungsgeneigt einschätzen bzw. die einschätzen, über einen weiten Planungshorizont zu verfügen, tendieren auch bei der tatsächlichen Problembearbeitung dazu, eine größere Anzahl von Lösungsschritten zu antizipieren als die Versuchspersonen mit geringerer Planungsneigung. Und diese Personen (hohe Planungsneigung, weiter Planungshorizont) tendieren auch dazu, eine größere Anzahl von Teilzielen zu verbalisieren als weniger planungsgeneigte Personen.

Faßt man die eben dargestellten Befunde zusammen, so kann festgestellt werden, daß das mittels Fragebogen selbsteingeschätzte Planungsverhalten der Versuchspersonen mit den tatsächlich bei der Problembearbeitung realisierten Planungsverhalten *in zeitlicher Hinsicht* übereinstimmte.

Bei dem Vergleich des selbsteingeschätzten Planungsverhaltens mit dem tatsächlich bei der Problembearbeitung realisierten Planungsverhalten *in inhaltlicher Hinsicht* zeigt sich dieser Zusammenhang nicht in dieser Form. Die dargelegten Korrelationen sind nur in einem Fall signifikant, ansonsten in ihrer Tendenz hypothesengerecht. Für die zwar hypothesengerechten aber nur in einem Fall signifikanten Korrelationen kann in erster Linie eine Ursache verantwortlich gemacht werden.

Die Anzahl der Versuchspersonen, die ihre Gedanken laut äußerten ist nicht sehr hoch (n=14 bzw. n=15). Dadurch ist die Datengrundlage zur Berechnung des Zusammenhanges zwischen fragebogengestützt ermittelten und durch Lautes-Denken-Protokolle erfaßten Planungsverhaltens sehr gering. Ein Hinweis für die Richtigkeit dieser Vermutung kommt aus der gefundenen Korrelation zwischen 'Planungsorientierung' und der Kategorie 'Handlungsunterbrechungen im Verhältnis zur Gesamtzugzahl'. Als Grundlage für die Berechnung dieser Korrelation standen 40 Versuchspersonen zur Verfügung und es zeigte sich eine hypothesengerechte signifikante Korrelation. Als ein zweiter Hinweis für die Richtigkeit dieser Vermutung kann auch die Tatsache angesehen werden, daß sämtliche Korrelationen tendenziell hypothesengerecht sind.

Betrachtet man die zeitlichen und inhaltlichen Aspekte des Lösungsverhaltens und der fragebogengestützt ermittelten Selbsteinschätzungen, so kann Hypothese 2 - unter Berücksichtigung der diskutierten Problematik - angenommen werden.

b) Fragestellung 9.2.2: Der Zusammenhang zwischen fragebogengestützter Erfassung der Planungsneigung und der Problemlöseleistung

Ausgehend von den eben dargestellten Ergebnissen wurde der Einfluß der individuellen Planungsneigung der Versuchspersonen auf die Problemlöseleistung untersucht. Dazu wurde zunächst die Korrelation berechnet. Es zeigte sich ein Zusammenhang: Je höher die individuelle Planungsneigung ist, um so niedriger ist auch die jeweilige Zugzahl, d.h. desto höher ist die individuelle Leistung ($r = -.452$; $p < 0.01$, $n=37$).

Weiterführend wurde gefragt, ob sich dieser signifikante korrelative Zusammenhang durch einen Gruppenvergleich bestätigen läßt. Dazu wurden die Versuchspersonen auf der Grundlage des Fragebogen "SEPOD" hinsichtlich ihrer fragebogengestützt ermittelten individuellen Planungsneigung gruppiert. Da es mit Hilfe des eingesetzten Fragebogens SEPOD möglich ist, eine Unterteilung in gering, mittel und hoch planungsgeneigte Personen vorzunehmen, ergaben sich drei Gruppen mit den folgenden statistischen Kennwerten.:

Gruppe A: Versuchspersonen mit geringer Planungsneigung
n = 10 Vpn.; x = 32,10; s = 3,48

Gruppe B: Versuchspersonen mit mittlerer Planungsneigung
n = 19 Vpn.; x = 44,42; s = 5,63

Gruppe C: Versuchspersonen mit hoher Planungsneigung
n = 11 Vpn.; x = 60,09; s = 3,99

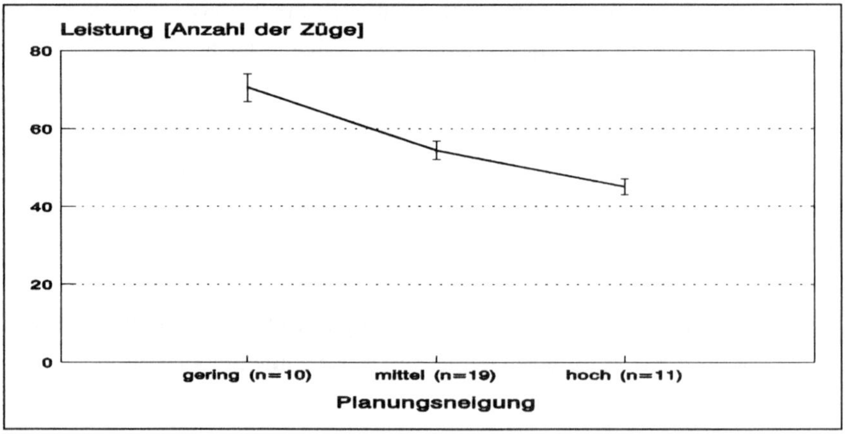

Abb. 21: Zusammenhang zwischen Planungsneigung und Leistung (Anzahl der Züge). F = 3,94; p = 0.028; p< .05 (n=40).

Deutlich kann man der Abbildung 21 entnehmen, daß die fragebogengestützt erfaßte individuelle Planungsneigung der Versuchspersonen deren Problemlöseleistung beeinflußte: Die Versuchspersonen mit hoher Planungsneigung erbrachten eine bessere Problemlöseleistung (geringere Zugzahl) als die Versuchspersonen mit geringerer Planungsneigung.

Da vermutet wurde, daß auch die intellektuellen sowie mnestischen Fähigkeiten der Versuchspersonen die Problemlöseleistung mit beeinflussen würden (siehe Theorieteil sowie Fußnote 4), wurde für die erfaßten Daten zur Intelligenz, Arbeitsgedächtniskapazität und Langzeitgedächtnis/ Merkfähigkeit im Zusammenhang mit den Daten zur individuellen Planungsneigung die Korrelation sowie eine multiple Regression berechnet (siehe Tabellen 15 und 16).

TABELLE 15

Korrelationsmatrix für die Parameter Leistung (ZZ), Planungsneigung (PN), Arbeitsgedächtniskapazität (AG), Langzeitgedächtnis/ Merkfähigkeit (LZG) und Intelligenz (IQ). "*" = p< .05; "**" = p< .01; "***" = p< .001, n=37[11].

	ZZ	PN	AG	LZG	IQ
ZZ	1.000	-.452 **	-.374 *	-.115	-.352 *
PN		1.000	.250	.021	.212
AG			1.000	.249	.548 ***
LZG				1.000	.349 *
IQ					1.000

Neben den bereits erwähnten Zusammenhang zwischen Planungsneigung und Leistung zeigt sich, daß die Leistung bei der Aufgabenbearbeitung auch durch die Variablen "Arbeitsgedächtniskapazität" und "Intelligenz" beeinflußt wird (AG: $r= -.374$; $p<0.05$, $n=37$/ IQ: $r= -.352$; $p<0.05$, $n=37$). Dagegen ist ein Einfluß der Variablen "Langzeitgedächtnis/ Merkfähigkeit" auf die Leistung nicht nachweisbar ($r= -.115$; $p>0.05$, $n=37$).

Bei der Betrachtung der Korrelationskoeffizienten zeigt sich, daß die signifikante Beziehung zwischen Leistung - Planungsneigung etwas höher ist, als die ebenfalls signifikante Beziehung zwischen Leistung - Arbeitsgedächtnis und Leistung - Intelligenz. Die Beziehung Leistung - Planungsneigung ändert sich auch nicht beim Auspartialisieren von Arbeitsgedächtnis und Intelligenz $r_{PN,Zugzahl*AG}= -0{,}36$; $n = 37$; $p<0{,}05$; $r_{PN,Zugzahl*I}= -0{,}41$, $n=37$, $p<0{,}01$/ Transformierte Differenzen der Korrelationskoeffizienten mit 0,11 und $0{,}05 < t_{0,05;75xs\text{-}Diff.=065}$).

[11]Die Versuchspersonenanzahl beträgt in diesem Falle nur 37 Versuchspersonen, weil aufgrund versuchstechnischer Schwierigkeiten von drei Versuchspersonen keine Daten zum Langzeitgedächtnis/ Merkfähigkeit vorliegen.

TABELLE 16

Multiple Regression. Abhängige Variable: Leistung; Unabhängige Variablen: Planungsneigung (PN), Arbeitsgedächtnis (AG), Langzeitgedächtnis/ Merkfähigkeit (LZG), Intelligenz (IQ).(n=37).

		Analysis	**of**	**Variance:**	
Multiple R	.545		DF	Sum of Square	
R Square	.297	Regression	4	5533.05	1383.26
Adjusted R Square	.209	Residual	32	13119.65	409.98
Standard Error	20.248	**F =**	**3.37**	**Signif. F =**	**.021**

Variable	B	SE B	Beta	T	Sig T
1.: PN	-.7236	.3028	-.3685	-2.390	.0229
2.: AG	-1.7787	1.7079	-.1878	-1.041	.3055
3.: LZG	-.0022	.2777	-.0013	-.008	.9935
4.: IQ	-2.814	3.057	-.1701	-.920	.3643
	116.753	22.841		5.112	.0000

Betrachtet man die eben genannten Variablen mittels einer Multiplen Regression (Tabelle 16), dann fällt weiterhin auf, daß die Vorhersage der jeweiligen Zugzahl (und damit der individuellen Leistung) mit Hilfe dieser vier Faktoren sehr gut möglich ist (Multiple R = .545; F = 3.37; $p=.021$, $p<0.05$), der Haupteffekt Leistung wird durch die angeführten Faktoren mit fast 30% aufgeklärt. Deutlich läßt sich desweiteren nachweisen, daß der Einfluß der individuellen Planungsneigung auf die Leistung auch bei Beachtung der verschiedenen intellektuellen Basisgrößen erhalten bleibt (Beta= -.3685; $p= .023$ $p<0.05$). Dagegen ist für die Variablen "Arbeitsgedächtnis" und "Intelligenz" bei der Berechnung der Multiplen Regression kein signifikanter Einfluß feststellbar (AG: Beta= -.170; $p= .364$; IQ: Beta= -.187; $p= .305$ $p>0.05$).

Exkurs: Der Zusammenhang zwischen Arbeitsgedächtniskapazität, Planungsneigung und Leistung

Aus den in Tabelle 15 dargestellten Korrelationskoeffizienten geht hervor, daß die Höhe der Arbeitsgedächtniskapazität der Versuchspersonen deren Leistung bei der Lösung der experimentellen Aufgabe beeinflußt. Je höher die individuelle Arbeitsgedächtniskapazität ist, um so höher ist auch die individuelle Leistung.

Um dieses Ergebnis weiter zu differenzieren, wurden die Versuchspersonen - neben der auf der Höhe der Planungsneigung basierenden Gruppenbildung - *zusätzlich* hinsichtlich ihrer individuelle Arbeitsgedächtniskapazität in drei Gruppen (Versuchspersonen mit hoher, mittlerer bzw. geringer Arbeitsgedächtniskapazität) eingeteilt. Das Kriterium für die Gruppenbildung ergab sich aus der Auswertungsvorschrift des zur Erfassung der individuellen Arbeitsgedächtniskapazität eingesetzten Lesespannentests. Ausgehend von dieser doppelten Gruppenbildung wurde nochmals die Leistung der Versuchspersonen (Anzahl der Züge) erfaßt und in der Tabelle 17 und Abbildung 22 dargestellt. Zusätzlich wurde ausgehend von der eben beschriebenen Gruppenbildung eine zweifaktorielle Varianzanalyse durchgeführt deren Ergebnisse in Tabelle 18 aufgeführt sind.

TABELLE 17

Einfluß von individueller Planungsneigung und individueller Arbeitsgedächtniskapazität auf die Leistung (Anzahl der Züge).

		Planungsneigung			
		hoch	mittel	gering	Σ
Arbeitsgedächtniskapazität	hoch	**39,0** Züge s=6,7 (n=4)	**41,5** Züge s=9,1 (n=6)	**69,0** Züge s=43,2 (n=3)	**47,1** Züge s=22,7 (n=13)
	mittel	**46,2** Züge s=17,1 (n=5)	**59,5** Züge s=24,1 (n=8)	**71,7** Züge s=30,4 (n=3)	**57,6** Züge s=23,6 (n=16)
	gering	**54,5** Züge s=17,8 (n=3)	**62,0** Züge s=18,6 (n=5)	**71,0** Züge s=21,9 (n=4)	**63,9** Züge s=18,8 (n=11)
	Σ	**45,1** Züge s=13,9 (n=11)	**54,4** Züge s=20,2 (n=19)	**70,6** Züge s=27,9 (n=10)	

Bei einer deskriptiven Analyse der in den einzelnen Zellen dargestellten m mittleren Zugzahlen (Tabelle 17) zeigt es sich, daß die Versuchspersonen mit hoher Planungsneigung und hoher Arbeitsgedächtniskapazität die besten Leistungen erbringen. Sinkt die Arbeitsgedächtniskapazität bzw. nimmt die individuelle Planungsneigung ab, so verschlechtert sich kontinuierlich die Leistung (eine Signifikanzberechnung der Unterschiede der mittleren Anzahl der Züge kann aufgrund der zu geringen Versuchspersonenanzahl in den einzelnen Zellen nicht durchgeführt werden).

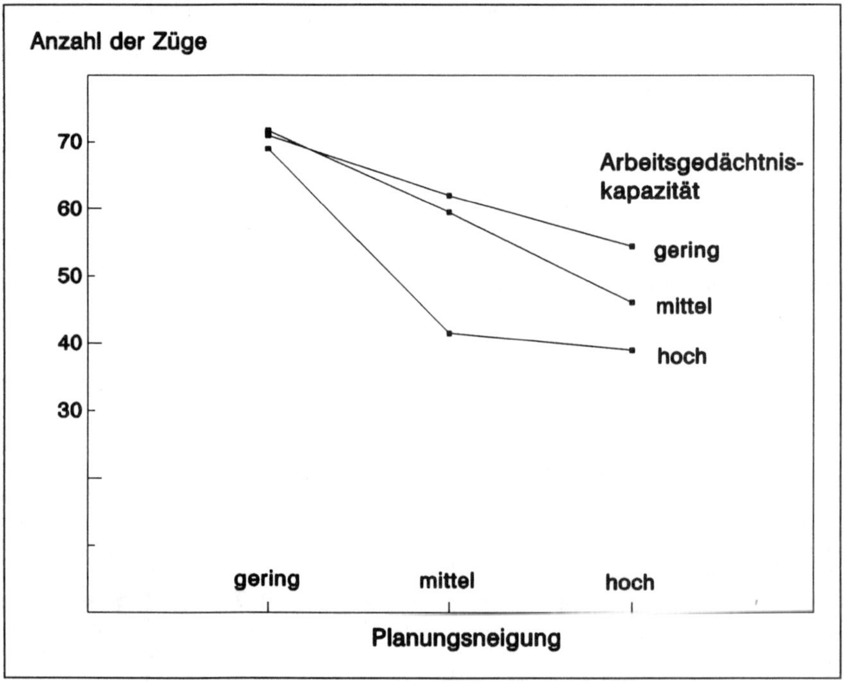

Abb. 22: Grafische Darstellung des Einflusses der individuellen Planungsneigung und der individuellen Arbeitsgedächtniskapazität auf die Leistung (Anzahl der Züge).

Daneben fällt auf (siehe besonders Abbildung 22), daß die Höhe der individuelle Planungsneigung unabhängig von der Höhe der Arbeitsgedächtniskapazität die individuelle Leistung beeinflußt. Umgekehrt zeigt sich aber, daß die Arbeitsgedächtniskapazität nur bei hoher und mittlerer, nicht aber bei geringer Planungsneigung die Leistungen der Versuchspersonen beeinflußt. Tendenziell bestätigt wird dieser (auf der Basis der deskriptiven Datenanalyse sichtbar werdende) Befund durch die Ergebnisse der zweifaktoriellen Varianzanalyse (Tabelle 18) in deren Ergebnis keine signifikante vollständige Wechselwirkung ermittelt werden kann, womit die beschriebenen Effekte eine unvollständige ordinale Wechselwirkung darstellen (Main Effect: F= 2.579, p= .057 vs. 2-way Interactions: F=. 0.264, p= .899).

T A B E L L E 18

Zweifaktorielle Varianzanalyse. Individuelle Planungsneigung/ Arbeitsgedächtniskapazität: Leistung (Anzahl der Züge).

Source of Variation	*Sum of Squares*	*DF*	*Mean Square*	*F*	*Sign. of F*
Main Effects	4892.680	4	1207.420	2.579	.057
Planungsneigung	3064.488	2	1532.244	3.273	.051
Arbeitsgedächtnis	1344.951	2	672.476	1.436	.253
2-way Interactions	493.628	4	123.407	.264	.899

c) Fragestellung 9.2.3: Das Personenmerkmal "Planungsneigung" und seine Beziehung zu anderen Personenmerkmalen

Auf die Mehrzahl der mit der Fragestellung 9.2.3. in Zusammenhang stehenden Hypothesen wurden schon in der Voruntersuchung eingegangen (siehe dazu Kapitel 9.3.2.2.). Eine Hypothese wurde allerdings in der Voruntersuchung noch nicht untersucht. Es handelte sich dabei um die Hypothese 4.3, die sich auf eventuell vorliegende Zusammenhänge zwischen dem Persönlichkeitsmerkmal Hoffnungsstärke und der individuellen Planungsneigung bezog. Um zu Aussagen über diese Zusammenhänge zu gelangen, wurde die Hoffnungsstärke der Versuchspersonen mit dem von KRAMPEN (1979) entwickelten "Fragebogen zur Erfassung der Hoffnungslosigkeit" erfaßt. Anschließend wurde die Korrelation zwischen diesen Parametern und der individuellen Planungsneigung (mit den Faktoren Variantenerwägung, Planungsökonomie, Planungshorizont) der Versuchspersonen berechnet (siehe Tabelle 19).

Aus den in der Tabelle 19 abgebildeten Daten kann man erkennen, daß in der vorliegenden Untersuchung keine Zusammenhänge zwischen dem Persönlichkeitsmerkmal Hoffnungslosigkeit und dem individuellen Planungsverhalten der Versuchspersonen nachgewiesen werden konnten. Folglich muß die Hypothese 4.3 abgelehnt werden.

TABELLE 19

Korrelativer Zusammenhang zwischen Planungsneigung und Hoffnungslosigkeit (n=40).

	Hoffnungslosigkeit
Planungsneigung	.033
Variantenerwägung	-.114
Planungsökonomie	.069
Planungshorizont	.005

9.5. Zusammenfassung und Diskussion der Ergebnisse

In den bis hierher dargelegten Abschnitten dieses Kapitels, wurde über eine experimentelle Untersuchung des menschlichen Planungsverhaltens berichtet. In dieser Untersuchung wurde davon ausgegangen, daß das Turm-von-Hanoi Problem sehr gut dazu geeignet ist, Unterschiede im individuellen Planungsverhalten aufzuzeigen und näher zu analysieren, da - neben der Möglichkeit zur ungeplanten Abarbeitung dieses Paradigmas - verschiedene Vorgehensweisen zur planvollen Bearbeitung dieses Problemtyps möglich sind (KLIX 1971, 1992, ANZAI & SIMON 1979, KOTOVSKY, HAYES & SIMON 1985,

VanLEHN 1991). Weitere Gründe für den Einsatz des Turm-von-Hanoi Paradigmas waren dessen unter anforderungsanalytischem Aspekt sichtbar werdende hohe Repräsentativität für tatsächlich in der Realität vorkommende (Arbeits-) Tätigkeiten (ÖSTERREICH & VOLPERT 1991), sowie das (für die Untersuchung der Zusammenhänge zwischen Planungsverhalten und Leistung notwendig werdende) sehr gut registrierbare Leistungskriterium dieses Untersuchungsparadigmas.

9.5.1. Mögliche Vorgehensweisen zur planvollen Abarbeitung des Turm-von-Hanoi Paradigmas und deren Leistungsrelevanz

In der vorliegenden Untersuchung konnte an zwei (20 bzw. 40 Versuchspersonen) Stichproben gezeigt werden, daß bei der einmaligen Bearbeitung des Turm-von-Hanoi Paradigmas in der 4- bzw. 5- Scheiben Variante einige der für die Planerstellung theoretisch möglichen Vorgehensweisen nicht oder nur sehr selten angewendet werden. Dies galt in erster Linie für die "rückwärtsgerichtete" (KLIX 1971, KOEDINGER & ANDERSON 1990) sowie für die "regelbasierte" (ANDERSON 1983, 1992, DÖRNER 1980, Van LEHN 1991) Handlungsplanung. Mit Hilfe der in der vorliegenden Untersuchung eingesetzten Methodik konnten keine oder nur sehr wenig Hinweise für die Anwendung dieser Vorgehensweisen gefunden werden. Es kann vermutet werden, daß der Grund für dieses Ergebnis in der Tatsache liegt, daß der intellektuelle und/oder zeitliche Aufwand, der für die "rückwärtsgerichtete" als auch für die "regelbasierte" Handlungsplanung notwendig ist, nicht dem erwarteten Nutzen entspricht, der bei der *einmaligen* Durchführung des Turm-von-Hanoi Paradigmas zu erwarten ist (siehe dazu BATTMANN 1984).

Anders als eben berichtet verhielt es sich mit Planungen die auf der Grundlage von "vorwärtsgerichteten" (KLIX 1971, 1992) Zugantizipationen und der Bildung von Teil- und Zwischenzielen (ANZAI & SIMON 1979) basierten. Für die Anwendung dieser Vorgehensweisen konnten in den Lautes-Denken-Protokollen viele Hinweise gefunden werden.

Dabei zeigte es sich, daß diejenigen Personen, die sehr häufig verschiedene Schrittfolgen "linear vorwärtsgerichtet" planten (siehe Kapitel 4.2.1. der vorliegenden Arbeit), auch bessere Leistungen erbrachten als die Personen, die nur sehr selten diese Möglichkeit der Handlungsplanung nutzten. Daneben konnte festgestellt werden, daß die Personen mit den besseren Problemlöseleistungen im Durchschnitt eine größere Anzahl von Lösungsschritten im voraus verbalisierten als die Personen mit weniger guten Leistungen. Aus diesem Ergebnis kann geschlußfolgert werden, daß in der Variation der Häufigkeit und der Weite von antizipativ durchgeführten Schrittabfolgen bzw. Schrittabfolgekombinationen eine Möglichkeit liegt, Leistungsvorteile bei der einmaligen Bearbeitung des Turm-von-Hanoi Problems bzw. den damit verwandten Aufgaben zu erzielen. Die Ursachen für diese Leistungsvorteile liegen auf der Hand: Durch das häufige und weite "Vorausbedenken" der theoretisch möglichen Lösungszüge bzw. Problemlöseschritte können fehlerhafte Zugfolgen und Verzweigungen im Handlungsablauf als ineffektiv erkannt und bewertet und damit die Durchführung dieser fehlerhaften Handlungsschritte von vornherein ausgeschlossen werden. Zudem kann ein sehr weit vorausbedachter Plan besser hinsichtlich seiner Effektivität bzw. Effizienz überprüft werden als ein kurzer, nur sehr wenige Schritte berücksichtigender Plan.

Allerdings lassen sich auch Nachteile dieser "linear" vorwärtsgerichten Handlungsplanung nennen. So ist zum einen diese Form der Handlungsplanung ein die individuelle Verarbeitungskapazität (Arbeitsgedächtnis) sehr stark beanspruchender Prozeß, da für das gedankliche Antizipieren einzelner Züge bzw. Zugabfolgekombinationen auf der einen Seite eine Fülle von Informationen verarbeitet werden müssen, daneben aber *gleichzeitig* die Ergebnisse dieser gedanklichen Simulation bewertet und für eine eventuelle spätere Nutzung gespeichert werden müssen. Daneben könnte ein weiterer Nachteil dieser Form der Handlungsplanung darin bestehen, daß ein sehr weit vorausbedachter

Plan zu erhöhter Rigidität bei der Abarbeitung dieses Planes führt, weil die Handlung durch den vorher erstellten Plan bereits bis in letzte Detail festgelegt wurde und somit sich während der Handlung ergebende neue Informationen (beispielsweise über einen falsch eingeschlagenen Weg) nicht mehr zur Berücksichtigung kämen.

Aufgrund dieser zuletzt genannten Nachteile muß es die Möglichkeit geben, durch Kombination der "linear" vorwärtsgerichteten Handlungsplanung mit anderen Formen der Handlungsplanung diese Nachteile nicht zur Wirkung kommen zu lassen. So wäre beispielsweise eine Kombination von vorwärtsgerichteter und hierarchisch organisierter Handlungsplanung (siehe Kapitel 4.2.2. der vorliegenden Arbeit) denkbar. Da eine Voraussetzung für die Anwendung der zuletzt genannten Form der Handlungsplanung die Bildung von Teil- und Zwischenzielen ist, wurden die Lautes-Denken-Protokolle hinsichtlich der vor und während der Aufgabenbearbeitung verbalisierten Teil- und Zwischenziele ausgewertet. Dabei zeigten sich keine statistisch absicherbaren Unterschiede. Erwähnt werden sollte aber trotzdem die Tatsache, daß die Versuchspersonen mit den durchschnittlichen Leistungen tendenziell noch am häufigsten Teil- und Zwischenziele verbalisierten; in dieser Gruppe konnte bei jeder zweiten Versuchsperson Hinweise auf die Bildung von Teil- und Zwischenzielen gefunden werden. In der Gruppe der Versuchspersonen mit den schlechtesten Leistungen fanden sich dagegen lediglich bei 16,3% der Versuchspersonen Hinweise auf die Bildung von Teil- und Zwischenzielen.

An dieser Stelle muß unbedingt darauf hingewiesen werden, daß die zuletzt dargelegten Ergebnisse auf der Auswertung von während der Versuchsdurchführung angefertigten Lautes-Denken-Protokollen basieren. Auf die Tatsache, daß diese Untersuchungsmethodik problematisch sein kann, wurde bereits in sehr vielen Arbeiten mehrfach hingewiesen (MERZ 1969, GAGNE & SMITH 1972, ERICSSON & SIMON 1980, HUSSY 1986). Deshalb soll auch an dieser Stelle nicht nochmals das "Für und Wider" von Lautes-Denken-Protokollen diskutiert zu werden. Wichtig erscheint lediglich der Hinweis auf den in der Vor- und Hauptuntersuchung generell auftretenden Effekt, daß die leistungsstärkeren Versuchspersonen, auch häufiger ihre Planungen verbalisierten. Daraus kann geschlußfolgert werden, daß eine gute Planungsfähigkeit mit einer guten Verbalisierungsfähigkeit in Zusammenhang steht, was eine bereits im Jahre 1960 von MILLER, GALANTER & PRIBRAM geäußerte Vermutung bestätigen würde: "Wir haben jeden Grund anzunehmen, daß die sprachlichen Fähigkeiten sehr eng mit den Planungsfähigkeiten verknüpft sind" (MILLER et al. 1973, S. 44).

Weitere Erkenntnisse zur Leistungsrelevanz der für die Planerstellung möglichen Vorgehensweisen wurden unabhängig von den Lautes-Denken-Protokollen allein durch die inhaltliche und zeitliche Registrierung des sichtbaren Lösungsverhaltens gesammelt. So konnte gezeigt werden, daß die leistungsstärksten Problemlöser, seltener ihre Problembearbeitung unterbrachen als die Personen mit den vergleichsweise durchschnittlichen bzw. unterdurchschnittlichen Leistungen. Wenn allerdings die Personen mit den besten Problemlöseleistungen ihre Handlungen unterbrachen, dann dehnten sie diese Handlungsunterbrechungen im Durchschnitt zeitlich länger aus als die weniger leistungsstarken Problemlöser (in der vorliegenden Untersuchung operationalisiert durch die Auswertungskategorie "Unterbrechungszeit"). In der Variation der Häufigkeit und der Dauer der in die Problembearbeitung eingefügten Handlungsunterbrechungen scheint demnach eine weitere Möglichkeit zu liegen, Leistungsvorteile bei der einmaligen Planung und Bearbeitung des Turm-von-Hanoi Problems bzw. den damit verwandten Aufgaben zu erzielen: Positiv auf die Leistung wirkt sich seltenes, dafür aber zeitlich ausgedehntes Unterbrechen der Handlung aus.

Im Zusammenhang mit diesem Ergebnis muß erwähnt werden, daß auch bei der Auswertung eines weiteren in der vorliegenden Untersuchung erfaßten zeitlichen Parameters deutliche Unterschiede zwischen leistungsstarken und leistungsschwachen Problemlösern gefunden werden konnten. Es zeigte sich, daß die Zeit, die bis zur Ausführung des ersten Zuges verging (in der vorliegenden Untersuchung mit dem Begriff "Primärzeit" bezeichnet) ein entscheidender Prädiktor für die Problemlöseleistung war: Während bei den leistungsstärksten Problemlösern im Durchschnitt fast ein Drittel der Gesamtlösungszeit verging, bevor der erste Zug ausgeführt wurde (bei der in der Voruntersuchung eingesetzten 4-Scheiben Variante waren es sogar fast zwei Drittel), nahm bei den durchschnittlichen bzw. unterdurchschnittlichen Problemlösern die Zeit, die vor der Ausführung des ersten Zuges verging lediglich ca. fünf Prozent der Lösungsgesamtzeit in Anspruch (Voruntersuchung ca. 30%).

Da davon ausgegangen werden kann, daß die Versuchspersonen sich während der mit den oben erwähnten Kategorien ("Unterbrechungszeit", "Primärzeit") registrierten Zeit in erster Linie mit der Handlungsvorbereitung und damit auch Planung der weiteren Vorgehensweise beschäftigten (Hinweise für die Richtigkeit dieser Behauptung ergeben sich aus den bereits dargestellten Befunden, die aus der Auswertung der Lautes-Denken-Protokolle gewonnnen werden konnten/ siehe dazu auch Überlegungen von GOLLWITZER 1993, welcher davon ausgeht, daß in einer postdecisionalen Phase Planungen durchgeführt werden, die die nachfolgende aktionale Phase vorbereiten), kann als ein weiteres wichtiges Ergebnis der vorliegenden Untersuchung festgehalten werden, daß die für die Handlungsvorbereitung (Planung) der untersuchten Tätigkeit aufgewendete Zeit einen entscheidenden Prädiktor für die nachfolgende Leistung darstellt: Wird nur sehr wenig Zeit für die Handlungsvorbereitung und damit auch Planung der zu bearbeitenden Tätigkeit genutzt, dann sind im Durchschnitt auch schlechtere Leistungen zu erwarten als bei der Verwendung eines relativ hohen Zeitanteils für handlungsvorbereitende Prozesse. Interessanterweise geht dieser für die Handlungsvorbereitung verwendete erhöhte Zeitanteil nicht zu Lasten der Lösungsgesamtzeit. Der Grund für diese scheinbare Paradoxie liegt in der Tatsache, daß der Zeitverbrauch für die Revidierung ineffektiver oder falscher Handlungsschritte sehr hoch sein kann. Bei einer mit höherem zeitlichen Aufwand geplanten Tätigkeit kommen dagegen weniger ineffektive oder falsche Lösungsschritte vor, demzufolge wird diese Handlung auch weniger Zeit in Anspruch nehmen. Mit anderen Worten: Der Zeitverbrauch für die Erstellung eines Planes ist eine "Zukunftsinvestition", die dadurch gerechtfertigt wird, daß die nachfolgende Handlung effektiver abläuft und damit letztendlich weniger Zeit erfordert. Wie die Ergebnisse hinsichtlich der Auswertungskategorie "Unterbrechungszeit" zeigen, muß diese "Zukunftsinvestition" nicht nur am Beginn einer Handlung stehen, sondern es ist auch möglich, während der Aufgabenbearbeitung zeitlich registrierbare Unterbrechungen in den Handlungsablauf für die Planung der weiteren Vorgehensweise einzufügen und damit Leistungsvorteile zu erzielen. Als Ursachen für diesen Befund lassen sich mindestens drei Dinge anführen. Erstens ist es möglich, durch das Einfügen von Handlungsunterbrechungen in die Aufgabenbearbeitung, erst während der Handlung sichtbar werdende Details zu beachten (SUCHMAN 1987). Daneben können zweitens durch das eigene Handeln hervorgerufene Veränderungen der Aufgabenbearbeitung besser berücksichtigt werden (situationsverändernder Charakter der Handlung), und schließlich wird drittens durch diese Vorgehensweise die individuelle Verarbeitungskapazität entlastet. Zusammenfassend: Der positive Effekt von handlungsvorbereitenden Maßnahmen wird nicht nur dann spürbar wird, wenn diese Handlungsvorbereitung am Anfang einer Tätigkeit steht, sondern planende Handlungsvorbereitung kann auch während der Tätigkeit einen leistungsverbessernden Effekt auf Handlung und Handlungsresultat haben.

9.5.2. Das Konzept von der Planungsneigung

Neben der Suche nach effektiven und effizienten Möglichkeiten der Handlungsplanung bestand ein zweites wichtiges Anliegen der vorliegenden Untersuchung darin, das von KRASSEK (1989) entwickelte Konzept der Planungsneigung zu überprüfen und gegebenenfalls zu verbessern. Insbesondere wurde danach gefragt, ob es eine Übereinstimmung zwischen selbsteingeschätztem Planungsverhalten und tatsächlichem Handeln gibt. Dabei wurden die Selbsteinschätzungen zum Planungsverhalten durch den Einsatz eines in Anlehnung an FRESE, STUART & HANNOVER (1987) von KRASSEK (1989) entwikkelten Fragebogens ermittelt.

Faßt man die diesbezüglichen Ergebnisse zusammen, so kann man die eben aufgestellte Frage bejahen; Menschen unterscheiden sich hinsichtlich ihres Planungsverhaltens und sie sind auch in der Lage, ihr eigenes Planungsverhalten weitestgehend real einzuschätzen. Dabei konnte in der vorliegenden Untersuchung gezeigt werden, daß die fragebogengestützt ermittelten Selbsteinschätzungen der Versuchspersonen mit dem tatsächlichen Verhalten bei der Turm-von-Hanoi Bearbeitung übereinstimmten. Hoch planungsgeneigte Personen (das sind Personen die selbst einschätzen, im allgemeinen dazu zu neigen, vor ihrem Handeln verschiedene Vorgehensweisen zu erwägen, lange über das "Wie" ihres Tuns nachzudenken, frühere Fehler zu analysieren, aber dabei nicht über unwahrscheinliche, theoretisch mögliche Zwischenfälle nachzudenken sowie die langfristigen Folgen ihres Handelns abzuschätzen) verwendeten mehr Zeit für die Vorbereitung ihres Handelns als mittel oder gering planungsgeneigte Personen. Neben diesem Zusammenhang zwischen der selbsteingeschätzten individuellen Planungsneigung und der *zeitlichen* Charakteristik des Lösungsverhaltens konnten auch Zusammenhänge zwischen der Planungsneigung und der *inhaltlichen* Charakteristik des Lösungsverhaltens der Versuchspersonen gefunden werden. Es zeigte sich, daß die Versuchspersonen, die sich eine hohe Planungsneigung zuschrieben, auch eine größere Anzahl von Einzelzügen zu einem Gesamtzug zusammenfaßten, woraus geschlußfolgert werden kann, daß diese Versuchspersonen auch eine größere Anzahl von Einzelzügen antizipierten als die Versuchspersonen mit mittlerer bzw. geringer Planungsneigung. Unterstützt wird diese Schlußfolgerung durch Ergebnisse aus während der Problembearbeitung angefertigten Lautes-Denken-Protokollen, in denen sich zeigte, daß die hoch planungsgeneigten Personen häufiger und differenzierter die Möglichkeit der gedanklichen Antizipation verschiedener Lösungsschritte nutzten.

Als ein weiteres wichtiges Ergebnis der vorliegenden Untersuchung muß festgehalten werden, daß ein Zusammenhang zwischen der Planungsneigung der Versuchspersonen und deren individueller Problemlöseleistung gefunden werden konnte: Versuchspersonen mit hoher Planungsneigung erbrachten signifikant bessere Leistungen (geringere Anzahl von Zügen) in einer tendenziell (nicht signifikant) kürzeren Zeit als die Versuchspersonen mit mittlerer bzw. geringer Planungsneigung. Daraus läßt sich die Schlußfolgerung ziehen, daß die Planungsneigung einer Person ein bedeutender Prädiktor für die Leistung bei der Bearbeitung von solchen Aufgaben ist, die eine mit dem Turm-von-Hanoi identische bzw. verwandte Anforderungsstruktur haben. Die Bedeutung dieses Ergebnisses für eignungsdiagnostische Fragestellungen liegt auf der Hand und braucht deshalb an dieser Stelle nicht weiter diskutiert werden.

Interessanterweise war der Einfluß der Planungsneigung auf die Problemlöseleistung größer als der Einfluß der intellektuellen Voraussetzungen der Versuchspersonen in der Stichprobe der Hauptuntersuchung. Dies galt für die mit dem LPS von HORN (1962) ermittelte Intelligenz der Versuchspersonenpopulation sowie für die mit dem Lesespannentest von VERES 1990 (HACKER et al. 1993) ermittelte Arbeitsgedächtniskapazität der untersuchten Versuchspersonen: Der nachweisbare Einfluß von Intelligenz und Arbeitsgedächtniskapazität auf die Problemlöseleistung war geringer als der Einfluß der Planungsneigung auf die Problemlöseleistung. Dieses Ergebnis ist ein Hinweise auf die bereits früher vermutete Tatsache (siehe dazu beispielsweise DÖRNER et al. 1983 oder GOULD 1988), daß das Vorhandensein und die Ausprägung bestimmter Personenmerkmale bzw. habituell verfestigter Handlungsgewohnheiten einen größeren Einfluß auf erbrachte Leistungen bei der Bearbeitung verschiedener Aufgaben haben kann, als die in der vorliegenden Untersuchung beachteten intellektuelle Voraussetzungen.

Weitere Erkenntnisse zur Relevanz des Konstruktes "Planungsneigung" konnten durch die Suche nach eventuell vorliegenden Zusammenhängen zu anderen Personenmerkmalen gefunden werden. Dabei zeigte es sich, daß keine Zusammenhänge zu den Personenmerkmalen "Kontrollüberzeugung" (KRAMPEN 1981), "Handlungsorientierung" (KUHL 1985) sowie "Selbstkonzept" (DEUSINGER 1986) nachgewiesen werden konnten. Ob der Grund dafür darin liegt, daß diese Zusammenhänge tatsächlich nicht existieren, oder ob das Nichtfinden dieser Zusammenhänge auf die geringe Versuchspersonanzahl (Voruntersuchung: n=20) zurückzuführen ist kann nicht eindeutig geklärt werden und sollte deshalb Inhalt zukünftiger Untersuchungen sein.

Anders als eben erwähnt verhielt es sich bei der Untersuchung der Zusammenhänge zwischen Planungsneigung und dem kognitiven Stil "Impulsivität vs. Reflexivität" (EYSSENCK & EYSSENCK 1977). Hier konnte gezeigt werden, daß bei "impulsiven" Personen eine geringe Planungsneigung nachgewiesen werden konnte und umgekehrt, daß bei "reflexiven" Personen sich eine hohe Planungsneigung zeigte. Dieses Ergebnis läßt sich sehr gut interpretieren, da es sehr gut nachvollziehbar erscheint, daß Personen, die 'bedachtsam überlegen, ihre Entscheidungen lange abwägen und sorgfältig und konzentriert zu erledigende Aufgaben lösen' (reflexiver Stil), sich auch mehr mit der Entwicklung von Plänen beschäftigen (hohe Planungsneigung) als Personen, die 'schnell auf äußere Reize ansprechen, sich rasch entscheiden bzw. spontan handeln' (impulsiver Stil). Auch hier muß allerdings dieses Ergebnis eingeschränkt werden, da es nur an einer geringen Versuchspersonenpopulation (n=20) gefunden werden konnte.

Auch in der Hauptuntersuchung (n=40) wurde nach Zusammenhängen zwischen dem Konstrukt "Planungsneigung" und einem Personenmerkmal gefragt, hier wurde eine Wechselwirkung zwischen Planungsneigung und dem Konstrukt "Hoffnungslosigkeit" (KRAMPEN 1979) gesucht. Es zeigte sich, daß es keine Wechselwirkung gibt, Planungsneigung und Hoffnungslosigkeit scheinen nicht in einem Zusammenhang zu stehen.

Faßt man alle unter Punkt 9.4.2. dargestellten Ergebnisse zusammen, so kann festgestellt werden, daß in der vorliegenden Untersuchung weitere Befunde für die Anwendbarkeit, Nützlichkeit sowie Eigenständigkeit des Konstruktes "Planungsneigung" gefunden werden konnten.

9.6. Ausblick

Auch wenn in der vorliegenden Untersuchung einige Fragen beantwortet werden konnten, so ergeben sich für die zukünftige Forschungsarbeit auf dem untersuchten Problemgebiet noch eine große Anzahl ungeklärter Fragen.

Ein erster Fragenkomplex betrifft die Bereichsspezifität von Planungen. Wie bereits im Kapitel 8.2.3. der vorliegenden Arbeit erläutert wurde, gibt es deutliche Hinweise für unterschiedliches Planungsverhalten in unterschiedlichen Situationen. Menschen planen beispielsweise in ihrer Freizeit anders als im Beruf (HEISIG et al. 1992). Zukünftiger Forschungsgegenstand sollte demnach sein, genauer als bisher den Einfluß äußerer Situationen auf das individuelle Planungsverhalten zu untersuchen: Welche Situationen motivieren unter welchen Bedingungen zu Planungen, bzw. inwieweit läßt sich Planung überhaupt durch äußere Intervention (siehe dazu auch Kapitel 7.4. der vorliegenden Arbeit) hervorufen? Wichtig ist die Beantwortung dieser Frage auch und besonders in arbeitspsychologischer Hinsicht: Kann ein Trainer Berufstätige zu intensiver Planung motivieren? Ist es möglich Planungsfähigkeiten zu lehren und zu erlernen?

In Zusammenhang mit der zuletzt genannten Fragestellung ergibt sich ein weiterer großer Fragenkomplex der den Nutzen von Planungen zum Inhalt hat. So muß beispielsweise gefragt werden, bei welchen Tätigkeiten das Aufstellen von Plänen der planenden Person einen Vorteil bringt. In der vorliegenden Untersuchung konnte gezeigt werden, daß Planungen dann Leistungsvorteile bringen, wenn Tätigkeiten, die eine mit dem Turm-von-Hanoi identische bzw.

stark verwandte Anforderungsstruktur haben, einmalig abgearbeitet werden. Wie ist das aber bei mehrmaliger Abarbeitung? Wie ist das Verhältnis von Planung und Leistung bei Tätigkeiten die dem Turm-von-Hanoi überhaupt nicht entsprechen? Zur Beantwortung dieser Fragen müssen zukünftige Untersuchungen durchgeführt werden, wobei in Kapitel 3.3. der vorliegenden Arbeit bereits eine mögliche Vorgehensweise vorgeschlagen wurde: Zunächst mit Tätigkeitsbewertungssystemen verschiedene Tätigkeiten hinsichtlich ihrer Anforderungsstruktur kategorisieren und dann bei den kategorisierten Tätigkeiten dem Zusammenhang zwischen Planung und Leistung nachgehen. Mögliche "praktische" Anwendungen dieser Ergebnisse könnten in der Beantwortung eignungsdiagnostischer Fragestellungen liegen, beispielsweise im Personalwesen.

Faßt man übersichtsartig alle Studien die sich auf die Untersuchung menschlicher Planungsprozesse beziehen zusammen, so kann nach wie vor gelten, daß die derzeitige Planungsforschung immer noch in den "Kinderschuhen" steckt und demzufolge auch aus den oben dargelegten Gründen die Notwendigkeit besteht, weiterhin Forschungsarbeit auf dem Gebiet menschlicher Planungsprozesse zu leisten.

LITERATURVERZEICHNIS

Anderson, J.R.(1983). *The architecture of cognition.* Cambridge: Harvard University Press.

Anderson, J.R.(1993). Problem solving and learning. *American Psychologist, 48,* 35-44.

Anzai, Y. & Simon, H.A.(1979). The theory of learning by doing. *Psychological Review, 86,* 124-140.

Atkinson, R.C. & Shiffrin, R.M.(1971). The control of short term memory. *Scientific American*, 225, 82-90.

Baddeley, A.D.(1979). *Die Psychologie des Gedächtnisses.* Stuttgart: Klett Cotta.

Baddeley, A.D.(1986). *Working memory.* Oxford University Press.

Baddeley, A.D.(1991). *Human memory.* Hillsdale: Erlbaum.

Baddeley, A.D. & Warrington, E.K.(1970). Amnesia and the distinction between long- and short term memory. *Journal of Verbal Learning and Verbal Behavior*, 12, 360-372.

Baddeley, A.D. & Hitch, G.J.(1974). Working memory. In: G. Bower (Ed.), Recent advances in learning and motivation. New York: Academic Press.

Baddeley, A.D., Thomson, N., & Buchanan,M.(1975). Word length and the structure of short-term memory. *Journal of Verbal Learning and Verbal Behavior*, 14, 575-589.

Baddeley, A.D., Lewis, V., & Vallar, G.(1984). Exploring the articulatory loop. *The Quarterly of Experimental Psychology.* 36A, 233-252.

Battmann, W.(1984). Regulation und Fehlregulation im Verhalten IX: Belastung und Entlastung durch Planung. *Psychologische Beiträge, 26,* 674-691.

Battmann, W.(1989). *Verhaltensökonomie: Grundannahmen und eine Anwendung am Fall kooperativen Verhaltens.* Frankfurt/ Main, Berlin, New York: Peter Lang.

Bäumler, G.(1974) *Lern- und Gedächtnistest (L-G-T 3). Handanweisung.* Göttingen: Hogrefe.

Bergmann, B. & Werner, B.(1990). Verarbeitungskapazität und Lernen. *Psychologie für die Praxis, 3,* 195-204.

Bernstein, N.A.(1961). The paths and aims of the physiology of activity. *Voprosy filiosofii*,15, 77-92.

Bernstein, N.A.(1975). *Bewegungsphysiologie.* Leipzig: Barth.

Böhm, G.(1985). *Die Entwicklung der Antizipation von Handlungssequenzen als eine kognitive Voraussetzung für das gemeinsame Lösen von Koordinationsproblemen.* Humboldt Universität Berlin. Dissertation A (unveröffentlicht).

Brainerd, C.J. & Kingma, J.(1987). Memory and cognitive development: Are short term memory and working memory separate systems? (persönliches Manuskript).

Brandtstätter, J. & Renner, G.(1988). Hartnäckige Zielverfolgung und flexible Zielanpassung: Zur Explikation und altersvergleichenden Analyse assimilativer und akkomodativer Kontroll und Bewältigungsstrategien. *Bericht der Arbeitsgruppe "Entwicklung und Handeln", Fachbereich Psychologie, Universität Trier.* 28.

Brown, J.(1958). Some tests of the theory of immediate memory. *Quarterly Journal of Experimental Psychology.*, 10, 12-21.

Chase, W.G. & Simon, H.A.(1973). The mind‘s eye in chess. In W.G. Chase (Ed.), *Cognitive skills and their acquisition.* Hillsdale, NJ: Erlbaum.

Clauss, G, Finze, F. & Partzsch (1994. Statistik. Frankfurt/Main: Harri Deutsch Verlag

Covington, M.V.(1987). Instruction in problem solving and planning. In: Friedmann S.,L., Scholnick, E.,K. & Cocking, R.,R.(Eds.), *Blueprints for thinking. The role of planning in cognitive development.* Cambridge: Cambridge University Press.

Covington, M.V., Crutchfield, R.S. Davies, L.B. & Olton, R.M.(1965, 1967, 1972, 1974). *The Productive Thinking Program: A course in learning to think.* Columbus, OH: Merrill.

Cramon, von & Cramon, von (1993). Problemlösendes Denken. In VonCramon, Mai, N., & Ziegler, W. [Hrsg.] Neuropsychologische Diagnostik. Weinheim: VCH.

Cranach von, M., Kalbermatten, U., Indermühle, K. & Gugler, B.(1980). *Zielgerichtetes Verhalten.* Bern: Huber.

Daneman, M. & Carpenter, P.A.(1980). Individual differences in working memory and reading. *Journal of Verbal Learning and Verbal Behaviour,* 19,450-466.

De Lisi, R.(1987). A cognitive-developmental model of planning. In: Friedmann S.,L., Scholnick, E.,K. & Cocking, R.,R.(Eds.), *Blueprints for thinking. The role of planning in cognitive development.* Cambridge: Cambridge University Press.

Dempster, F.N.(1978). Memory span and short-term memory capacity construct. *Journal of Experimental Child Psychology*, 26, 419-431.

Deusinger, G.(1986). *Die Frankfurter Selbstkonzeptskalen.* Göttingen, Zürich: Hogrefe.

Dörner, D. u.a.(1980). *Hinweise zum Umgang mit komplexen Systemen. Universität Bamberg.*

Dörner, D., Kreuzig, H.W., Reither, F. & Stäudel, T.(1983). *Lohhausen. Vom Umgang mit Unbestimmtheit und Komplexität.* Bern, Stuttgart, Wien: Huber.

Dörner, D.(1993). Wissen, Emotion und Handlungsregulation oder Die Vernunft der Gefühle. *Zeitschrift für Psychologie.* 201, 176-203.

Dreher, M.(1980). *Theoretische und methodologische Grundlegungen zur Erfassung der Realitätskonstruktion im Kontext von Planung.* Dissertation A: Universität Augsburg.

Dreher, M. & Oerter, R.(1987). Action planning competencies during adolescence and early adulthood. In: Friedmann S.,L., Scholnick, E.,K. & Cocking, R.,R.(Eds.), *Blueprints for thinking. The role of planning in cognitive development.* Cambridge: Cambridge University Press.

Duncan, J.(1980). The demonstration of capacity limitation. *Cognitive Psychology*, 12, 75-96.

Duncker, K.(1935). *Zur Psychologie des produktiven Denkens.* Berlin: Springer.

Eysenck, S.B.G. & Eysenck, H.J.(1977). The place of impulsiveness in a dimensional system of personality description. *British Journal of Social and Clinical Psychology, 16*, 57-68.

Ericsson, K.A., Chase, W.G. & Faloom, S.(1980). Acquisition of memory skill. *Science, 208*, 1151-1182.

Ericsson, K.A: & Simon, H.A.(1980). Verbal reports as data. *Psychological Review, 87*, 215-219.

Funke, J.(1983). Einige Bemerkungen zu Problemen der Problemlöseforschung oder: Ist Testintelligenz doch ein Prädiktor? *Diagnostica*, 4, 283-302.

Frese, M., Stuart, J., & Hannover M.(1987). Goal orientation and planfulness: Action styles as personality concepts. *Journal of Personality and Social Psychology*, 52, 1182-1194.

Gantner, N. & Wiesner, B.(1994). Retestuntersuchung der 17-Item-Variante (CLARIUS) des Fragebogens zur Erfassung der Planungsneigung, der hartnäckigen Zielverfolgung und der flexiblen Zielanpassung für n=121. (unveröffentlicht.)

Gagne, R.M. & Smith E.C.(1972). A studyy of the effects of verbalization on problem solving. *Journal of Experimental Psychology, 63,* 12-18.

Gibson, E.J.(1982). *Die Sinne und der Prozeß der Wahrnehmung*. Bern, Stuttgart, Wien: Huber.

Görner, R.(1968). Vorgestellter und ausgeführter Tätigkeitsvollzug - eine Möglichkeit der Erfassung von Denkverläufen in der Arbeitstätigkeit. In: Hacker, W., Skell, W. & Straub, W.(Hrsg.), *Arbeitspsychologie und wissenschaftlich-technische Revolution*. Berlin: DVW.

Gollwitzer, P.M.(1993). Goal achievement: The role of intentions.In: Stroebe, W. & Hewstone, M. [Eds.], *European Review of Social Psychology*. 4.

Gould S.J.(1988). *Der falsch vermessene Mensch*. Frankfurt/Main: Suhrkamp.

Hacker, W.(1973). *Allgemeine Arbeits- und Ingenieurpsychologie*. Berlin: DVW.

Hacker, W.(1977). Anforderungsunabhängigkeit der Nutzung von hierarchischer Ordnung in Sequenzen. *Zeitschrift für Psychologie. 185,* 1-33.

Hacker, W.(1983). Ziele - eine vergessene psychologische Schlüsselvariable? Zur antriebsregulatorischen Potenz von Tätigkeitsinhalten. *Psychologie für die Praxis, 2,* 5-26.

Hacker, W.(1986). *Arbeitspsychologie*. Berlin: DVW.

Hacker, W., Volpert, W. & Cranach, M.v.[Hrsg.](1983). Kognitive und motivationale Aspekte der Handlungsregulation. Berlin: DVW.

Hacker, W., Iwanowa, A. & Richter, P.(1983). *Verfahren zur objektiven Tätigkeitsanalyse*. Berlin.

Hacker, W. & Loebmann, P.(1990). Lohnen Hilfen für Zielsetzungs- und Zielverfolgungsvorgänge bei komplexen Aufgaben? In: Grawe, K., Hänni, R., Semmer, N. & Tschan, F.(Hrsg.), *Über die richtige Art, Psychologie zu betreiben*. Göttingen: Hogrefe.

Hacker, W., Heisig, B., Hinton, J., Teske-El Kodwa, S. & Wiesner, B.(1992). Planende Handlungsvorbereitung I - Grundlagen und Wirkungen. *Beitrag auf dem 37. Kongress der Deutschen Gesellschaft für Psychologie in Trier*.

Hacker, W., Veres, T. & Wollenberger, E.(1994). *Verarbeitungskapazität für Text: Ergebnisse der Entwicklung eines deutschsprachigen Prüfverfahrens des Arbeitsgedächtnisses*. (in press).

Hammond, K.J.(1990). Case based planning: A framework for planning. *Cognitive Science,*. 3. 385-443.

Hasdorf, W.(1977). Über selbständiges Handeln älterer Vorschulkinder beim Lösen von Aufgaben. In: Lompscher, J.(Hrsg.), *Zur Psychologie der Lern-tätigkeit*. Berlin: Volk und Wissen.

Hayes-Roth, B. & Hayes-Roth, F.M. (1979) A cognitive model for planning. *Cognitive Science,* 3, 275-310.

Heckhausen, H.(1980). Motivation und Handeln. Berlin, Heidelberg [u.a.]: Springer

Heckhausen, H., Gollwitzer, P.M. & Weinert, F.E.[Hrsg.](1987). *Jenseits des Rubikon: Der Wille in den Humanwissenschaften*. Berlin, Heidelberg [u.a.]: Springer.

Heisig, B. & Ulrich, R.(1989). Zur Analyse und Gestaltung komplexer rechnergestützter geistiger Tätigkeiten am Beispiel Programmieren. *Informationen der TU Dresden, 22-02-89*. Dresden: TUD-Eigenverlag.

Heisig, B., Ullrich, R., Nebe, C. & Hacker, W.(1992). Planende Handlungsvorbereitung II - Lebensbereichsspezifität und Eigenständigkeit des Konstruktes. *Beitrag auf dem 37. Kongress der Deutschen Gesellschaft für Psychologie 28.09.- 01.10. 1992 in Trier.*

Hiebsch, H.(1986). *Interpersonelle Wahrnehmung und Urteilsbildung*. Berlin: DVW.

Hitch, G.J.(1984). Working memory. *Psychological Medicine, 14,* 265-271.

Horn, W.(1962). *Leistungsprüfsystem LPS*. Göttingen, Zürich: Hogrefe.

Hunter, J.M.L.(1964). *Memory*. Harmandsworth: Penguin.

Hussy, W.(1983). Komplexe menschliche Informationsverarbeitung: das SPIV- Modell. *Sprache & Kognition, 2,* 47-62.

Hussy, W.(1984). *Denkpsychologie*. Ein Lehrbuch. Stuttgart: Kohlhammer.

Hussy, W.(1991). Komplexes Problemlösen und Verarbeitungskapzität. *Sprache & Kognition, 10,* 208-220.

Hussy, W. & Granzow, S.(1983). Determinanten komplexen Problemlösens I: Einfluß von Transparenz, externem Gedächtnis und Rückmeldung. *Trierer Psychologische Berichte, 13,* 1.

Illing, F.(1960). Über eine Untersuchung von Ursachen interindividueller Leistungsunterschiede beim Kreuzspulen von Kunstseide. *Arbeitsökonomik Arbeitsschutz,* 4.

Jeffries, R., Turner, A.A., Polson, P.G. & Atwood, M.E.(1981). The processes involved in designing software. In: Anderson, J.R.(Ed.), *Cognitive skills and their acquisition*. Hillsdale, NJ: Erlbaum.

Johnson-Laird, P.N.(1983). *Mental models*. Cambridge, MA: Harvard University Press.

Just, A.J. & Carpenter, P.A.(1992). A capacity theory of comprehension: Individual differences in working memory. *Psychological Review,*. 99, 1, 122-149.

Karnath, H.O.(1991). *Zur Funktion des präfrontalen Cortex bei mentalen Planungsprozessen*. Zeitschrift für Neuropsychologie, 1, 14-18.

Klahr, D.(1978). Goal formation, planning and learning by preschool problem solvers or "My socks are in the dryer". In: Siegler, R.S. (Ed.), *Children's thinking: What develops?* Hillsdale, N.J.: Erlbaum.

Klauer, K.C.(1992). *Exploring the eploratory phase: A model of problem solving when cognitive load is high.* (Manuskript).

Klauer, K.C.(1993). *Belastung und Entlastung beim Problemlösen*. Göttingen. Zürich: Hogrefe.

Klapp, S.T., Marshburn, E.A. & Lester, P.(1983). Short-term memory does not involve the "Working memory" of information processing: The demise of a common assumption. *Journal of Experimental Psychology, General, 112,* 240-264.

Kluwe, R.H. & Modrow, K.(1988). Planen und Reflexion im Problemlöseverhalten vier- bis siebenjähriger Kinder. *Schweizerische Zeitschrift für Psychologie*, 47, 171-181.

Klix, F.(1971). *Information und Verhalten*. Berlin: DVW.

Klix, F.(1984). *Gedächtnis-Wissen-Wissensnutzung*. Berlin: DVW:

Klix, F.(1992). *Die Natur des Verstandes*. Göttingen, Zürich: Hogrefe.

Klix, F. & Sydow, H.(1966). Information processing in problem solving behavior. XVIII. Int. Congr. Psychol. Sympos, 18. Moskau.

Koedinger, K.,R., & Anderson J.,R.(1990). Abstract Planning and Perceptual Chunks: Elements of Expertise in Geometry. *Cognitive Science,* 14, 511-550.

Korf, R.E.(1987). Macro operators: A weak method for learning. *Artifical Intelligence*, 27, 35-77.

Kotovsky, K. Hayes, J.R & Simon H.A.(1985). Why Are Some Problems Hard? Evidence from Tower of Hanoi. *Cognitive Psychology,* 17, 248-294.

Krampen, G.(1979). Hoffnungslosigkeit bei stationären Patienten. *Medizinische Psychologie, 5,* 39-49.

Krampen, G.(1981). *IPC- Fragebogen zu Kontrollüberzeugungen. Handanweisung*. Göttingen, Zürich: Hogrefe.

Krampen, G.(1987). *Handlungstheoretische Persönlichkeitspsychologie: Konzeptuelle und empirische Beiträge zur Konstrukterhellung*. Göttingen, Zürich: Hogrefe.

Krassek, M.(1989). *Untersuchungen zum Zielverfolgungsverhalten*. Dissertation A. Technische Universität Dresden (unveröffentlicht).

Kreitler, S. & Kreitler, H.(1987). Plans and planning: their motivational and cognitive antecedents. In: Friedmann S.,L., Scholnick, E.,K. & Cocking, R.,R.(Eds.), *Blueprints for thinking. The role of planning in cognitive development*. Cambridge: Cambridge University Press.

Kuhl, J.(1983). *Motivation, Konflikt und Handlungskontrolle*. Berlin, Heidelberg [u.a.]: Springer.

Kuhl, J.(1985). *Kurzanweisung zum Fragebogen HAKEMP 85*. München: Max-Planck Institut.

Kuhl, J.(1987). Motivation und Handlungskontrolle. Ohne guten Willen geht es nicht. In: Heckhausen, H., Gollwitzer, P.M. & Weinert, F.E.[Hrsg.](1987). *Jenseits des Rubikon: Der Wille in den Humanwissenschaften*. Berlin, Heidelberg [u.a.]: Springer.

Larkin, J., McDermott, J., Simon, D. & Simon, H.A.(1980). Models of competence in solving physics problems. *Cognitive Science,* 4, 317-348.

Lewin, K.(1926). Untersuchungen zur Handlungs- und Affekt-Psychologie. II.: Vorsatz, Wille und Bedürfnis. *Psychologische Forschung,* 7, 330-385.

Lewin,M. (1986) Psychologische Forschung im Umriß. Berlin, Heidelberg: Springer.

Lienert, G.A.(1969). *Testaufbau und Testanalyse*. Weinheim: Beltz.

Luria, A.R.(1966). *Human brain and psychological processes*. New York: Harper & Row.

Luria, A.R.(1973). The frontal lobes and the regulation of behavior. In: Pribram, K.H.& Luria, A.R.(Eds.), *Psychophysiology of the frontal lobes*. New York: Acadamic Press.

May, U., Schulz, A. & Sydow, H.(1992). Zur Planungsfähigkeit im Alter von drei bis fünf Jahren. *Zeitschrift für Psychologie,* 200, 225-236.

Mayring, P.(1989). *Qualitative Inhaltsanalyse*. Weinheim: Deutsche Studien.

Matthäus, W.(1988). *Sowjetische Denkpsychologie*. Göttingen, Toronto, Zürich: Hogrefe.

McDermott, D.(1982). A temporal logic for reasoning about processes and plans. *Cognitive Science,* 6, 101-155.

Meyer's Enzyklopädisches Lexikon (1979). Mannheim, Wien, Zürich: Bibliographisches Institut.

Merz, F.(1969). Der Einfluß des Verbalisierens auf die Leistung bei Intelligenzaufgaben. In: *Zeitschrift für experimentelle und angewandte Psychologie, 16,* 114-137.

Miller, G.A., Galanter, E. & Pribram, K.H.(1960). *Plans and the structure of Behavior*. New York.

Miller, G.A., Galanter, E. & Pribram, K.H.(1973). *Strategien des Handelns. Pläne und Strukturen des Verhaltens*. Stuttgart.

Müller-Merbach, H.(1970). *Optimale Reihenfolgen*. Berlin: Springer.

Müller-Merbach, H.(1973). *Operations Research. Modelle der Optimalplanung*. Köln: Vahlen.

Munzert, R.(1983). *Das Planen von Handlungen. Diffentialpsychologische Aspekte verschiedener Handlungstheorien*. Frankfurt/ Main, Berlin, New York: Peter Lang.

Neubert, J.(1969). *Intellektuelle Prozesse bei der Genese von Tätigkeitsstrukturen*. Dissertation A. Technische Universität Dresden (unveröffentlicht).

Newell, A.(1989). Putting it all together. In D. Klahr & K. Kotovsky (Eds.), *Complex information processing. The impact of Herbert A. Simon. 21st Carnegie-Mellon Symposium on Cognition* (399-440). Hillsdale, N.J.: Lawrence Erlbaum.

Newell, A. & Simon, H.A.(1972). *Human problem solving*. Englewood Cliffs, NJ: Prentice-Hall.

Nuttin, J.(1985). *Future time perspective and motivation*. Leuven, Hillsdale: Leuven University Press, Lawrence Erlbaum.

Österreich, R.(1981). *Handlungsregulation und Kontrolle*. München, Wien, Baltimore: Urban & Schwarzenberg.

Österreich, R. & Volpert, W.(1991). *VERA Version 2. Arbeitsanalyseverfahren zur Ermittlung der Planungs- und Denkanforderungen*. Handbuch. Berlin.

Oerter, R.(1971). *Psychologie des Denkens*. Donauwörth: Auer.

Patel, V.L. & Groen, G.J.(1986). Knowledge-based solution strategies in medical reasoning. *Cognitive Science,* 10, 91-116.

Peterson, L.R. & Peterson, M.J.(1959). Short-term retention of individual items. *Journal of Experimental Psychology*, 58, 193-198.

Piaget, J.(1976). *The grasp of consciousness*. Cambridge.

Posner, M.J. & Rosman, E.(1965). Effect of size and location of informational transforms on short-term memory. *Journal of Experimental Psychology*, 70, 496-505.

Power, M.J.(1985). Sentence production and working memory. *The Quarterly Journal of Experimental Psychology*, 37A, 367-385.

Pribram, K.H.(1973). The primate frontal cortex - executive of the brain. In: Pribram, K.H. & Luria, A.R.(Eds.), *Psychophysiology of the frontal lobes*. New York: Acadamic Press.

Pribram, K.H.(1987). The subdivisions of the frontal cortex revisited. In: Perecman, E.(Ed.), *The frontal lobes revisited*. New York: IRBN Press.

Rau, R.(1991). Persönliche Information über einen an der Universität Freiburg in die deutsche Sprache übersetzten Fragebogen zur Erfassung von Impulsivität/ Reflexivität von Eysenck & Eysenck (1977).

Reichert, T. & Dörner, D.(1989). *Heurismen beim Umgang mit einem "einfachen" dynamischen System*. Bamberg: Lehrstuhl Psychologie II, Universität Bamberg.

Roth, E.(1989). *Aspekte kognitiv-emotionaler Wechselwirkungen*. Berlin, Heidelberg [u.a.]: Springer

Sacerdoti, E.,D.(1974). Planning in a hierarchy of abstraction spaces. *Artifical Intelligence, 5*, 115-135.

Salame, P. & Baddeley, A.D.(1982). Disuption of short.term memory by unattended speech: Implications for the structure of working memory. *Journal of Verbal Learning and Verbal Behavior*, 21, 150-164.

Schank , R.A. & Abelson, H.J.(1977). *Scripts, plans, goals and understanding*. Hillsdale, N.J.: Lawrence Erlbaum.

Scholnick, E.,K. & Friedmann, S.,L.(1987). The planning construct in the psychological literature. In: Friedmann S.,L., Scholnick, E.,K. & Cocking, R.,R.(Eds.), *Blueprints for thinking. The role of planning in cognitive development*. Cambridge: Cambridge University Press.

Shallice, T.(1982). Specific impairments of planning. *Phil. Trans. R. Soc. Lond.*, 298, 199-209.

Shallice, T.(1988). *From neuropsychology to mental structure*. Cambridge: Cambridge University Press.

Shallice, T. & Warrington, E.K.(1970). Independent functioning of verbal memory stores: A neuropsychological study. *Quarterly Journal of Ex-erimental Psychology*, 22, 261-273.

Skell, W.[Hrsg.] (1972). *Psychologische Analysen von Denkleistungen in der Produktion*. Berlin: DVW.

Smith, M. & Good, R.(1984). Problem solving and classical genetics: Successful vs. unsuccessful performance. *Journal of Research in Science Teaching,* 21, 895-912.

Sprung, , L. & Sprung, H. (1984). Grundlagen der Methodologie und Methodik der Psychologie. Berlin: DVW.

Stäudel, T.(1987). *Problemlösen, Kompetenz und Emotion: Die Überprüfung eines integrativen Konstruktes*. Roderer: Regensburg.

Suchman, L.(1987). Plans and situated actions: The problem of human-machine communication. Cambridge: Cambridge University Press.

Sweller, J., Mawer, R.F. & Ward, M.R.(1983). Development of expertise in mathematical problem solving. *Journal of Experimental Psychology. General, 112,* 4, 639-661.

Valax, M.F. & Sarocci F. (1989). Structure of action plans and the notion of temporal stop. *Cahiers de Psychologie Cognitive European bulletin of Cognitive Psychology*. 9, 2, 223-238.

VanLehn, K.(1991). Rule acquisition events in the discovery of problem-solving strategies. *Cognitive Science,* 15, 1-47.

Veres, T.(1991). Entwicklung eines deutschsprachigen Verfahrens zur Bestimmung der Lesespanne als Arbeitsgedächtnisindikator. Dissertation A. Technische Universität Dresden (unveröffentlicht).

Volpert, W.(1974). Handlungsstrukturanalyse als Beitrag zur Qualifikationsforschung. *Sport/Arbeit/Gesllschaft.* 5, Köln.

Volpert, W.(1975). Handeln- Planen, Handeln- Lernen. In: Hartmann, H.(Hrsg.), *Emanzipation im Sport?* Giessen: Lollar.

Wagenaar, W. & Sagaria, S.(1975). Misperception of exponential Growth. *Percept. Psychophys., 18*, 416-422.

Weber, E. (1974). Einführung in die Faktorenanlyse. Stuttgart: Gustav Fischer.

Weth, R. von der(1990). *Zielbildung bei der Organisation des Handelns.* Frankfurt/Main, Bern: Lang, 1990.

Werbik, H.(1978). *Handlungstheorien.* Stuttgart.

Wiesner, B.(1992). Untersuchungen des individuellen Planungsverhaltens. Informationen der TU Dresden. 14-01-92. Dresden: Universitätsverlag.

Wiesner, B. & Hacker, W. (1994). Mentale Handlungsvorbereitung. Studie zu Leistungseinfluß und personalen Bedingungen. *Zeitschrift für experimentelle und angewandte Psychologie.* XLI, 4, 649-677.

Wilensky, R.(1981). Meta-planning: Representing and using knowledge about planning in problem solving and natural language understanding. *Cognitive Science,* 5, 197-233.

Woltz, D.J.(1988). An investigation of the role of working memory in procedural skill acquisition. *Journal of Experimental Psychology, General,* 117, 319-331.

A N H A N G

Inhaltsverzeichnis:

Verzeichnis der verwendeten Abkürzungen

Abb.:	Abbildung
d.h.:	das heißt
f.f.:	folgende
Gr.:	Gruppe
H:	Hypothese
i.S.:	im Sinne
MW:	Mittelwert
S.:	Seite
s.o.:	siehe oben
UH:	Unterhypothese
u.s.w.:	und so weiter
z.B.:	zum Beispiel

Verzeichnis der Abbildungen und Tabellen

A4

Tabelle 1: (S. 42)

Von der Farmern aufgelistete Aktivitäten bei denen die größte Übereinstimmung festgestellt werden konnte; PS = Planungsprotokolle/ AS = während der Arbeit angefertigte Protokolle. (nach VALAX & SAROCCI: Structure of action plans and the notion of temporal stops. 1989, S. 230).

Tabelle 2: (S. 66)

Lösungszeiten für das Turm-von-Hanoi Problem und für die zwei Varianten der Monster Probleme. (aus KOTOVSKY et.al: Why are some problems hard. 1985, S. 252.)

Tabelle 3: (S. 76)

Mittlere Anzahl richtiger Lösungsschritte bis zum ersten Fehler. (aus MAY et.al: Zur Planungsfähigkeit im Alter von drei bis fünf Jahren. 1992, S. 231).

Tabelle 4: (S. 77)

Verhältnis der richtig gelösten Aufgaben (Optimum = 10,0) in Abhängigkeit vom Alter, bis auf den Unterschied zwischen 2. und 3. Klasse sämtliche Unterschiede signifikant bei $p< 0.05$. (aus BÖHM: Die Entwicklung der Antizipation von Handlungssequenzen. 1985).

Tabelle 5: (S. 78)

Häufigkeit der verwendeten Antizipationsmethoden (Beschreibung im Text) in Abhängigkeit vom Alter, Angaben in Prozent. (nach BÖHM: Die Entwicklung der Antizipation von Handlungssequenzen. 1985, S. 98).

Tabelle 6:(S. 81)

Vergleich der Lösungsqualität bei der Bearbeitung einer Konstruktionsaufgabe hinsichtlich der Parameter "Vollständigkeit", "logische Folge" sowie Selbständigkeit" (Angaben in Prozent). (aus HASDORF: Über selbständiges Handeln älterer Vorschulkinder. 1977, S. 322).

Tabelle 7:(S. 82)

Übersicht über die untersuchte Stichprobe. (aus DREHER & OERTER: Action planning competencies during adolescence and early adulthood. 1987, S.336).

Tabelle 8:(S. 84)

Prozentwerte der Lösungen im Zeitintervall (nach DREHER & OERTER: Planning competencies during adolescence. 1987, S. 338).

Tabelle 9: (S. 122)

Gruppenvergleich der Daten, die sich aus der zeitlichen und inhaltlichen (Lautes- Denken Protokolle) Registrierung des Lösungsverhaltens der Versuchspersonen ergaben (Mittelwerte).

Tabelle 10: (S. 124)

3- Faktorenlösung des eingesetzten SEPOD Fragebogens für die untersuchte Stichprobe (n=20).

Tabelle 11: (S. 128)
Korrelative Zusammenhänge zwischen Planungsneigung (PN), Kontrollkonzept (Kontr.), Selbstkonzept (Selbst.), Impulsivität/ Reflexivität (Impuls.), Handlungsorientierung bei der Tätigkeitsausführung (HoT) sowie Handlungsorientierung bei der Handlungsplanung (HoP). ("**" = p< .01; "*" = p< .05; n=20).

Tabelle 12: (S. 139)
Vergleich der verschiedenen Auswertungskategorien zwischen leistungsstarken, durchschnittlichen und leistungsschwachen Problemlösern (Häufigkeiten: Mehrfeldertafel (χ^2-Werte); Mittelwerte: Varianzanalyse F-Werte)).

Tabelle 13: (S. 142)
3- Faktorenlösung des eingesetzten SEPOD Fragebogens für die untersuchte Stichprobe (n=40).

Tabelle 14: (S. 144)
Korrelativer Zusammenhang zwischen der fragebogengestützt ermittelten Planungsneigung und dem während der Problembearbeitung tatsächlich realisierten Planungsverhalten der Versuchspersonen. ("*"=.05; "**"=.01; "***"=.001).

Tabelle 15: (S. 149)
Korrelationsmatrix für die Parameter Leistung (ZZ), Planungsneigung (PN), Arbeitsgedächtniskapazität (AG), Langzeitgedächtnis/ Merkfähigkeit (LZG) und Intelligenz (IQ). "*" = p< .05; "**" = p< .01; "***" = p< .001, n=37.

Tabelle 16: (S. 150)
Multiple Regression. Abhängige Variable: Leistung; Unabhängige Variablen: Planungsneigung (PN), Arbeitsgedächtnis (AG), Langzeitgedächtnis/ Merkfähigkeit (LZG), Intelligenz (IQ).(n=37).

Tabelle 17: (S. 151)
Einfluß von individueller Planungsneigung und individueller Arbeitsgedächtniskapazität auf die Leistung (Anzahl der Züge).

Tabelle 18: (S. 153)
Zweifaktorielle Varianzanalyse. Individuelle Planungsneigung/ Arbeitsgedächtniskapazität: Leistung (Anzahl der Züge).

Tabelle 19: (S. 154)
Korrelativer Zusammenhang zwischen der Planungsneigung und Hoffnungsstärke (n=40).

A6

INSTRUKTIONEN

Stellen Sie sich vor, Sie sind in einem Betrieb als Transportarbeiter beschäftigt.

Nun erhalten Sie von Ihrem Meister den Auftrag, Paletten umzustapeln. Die vor Ihnen liegenden Holzscheiben *(zeigen)* stellen ein Modell dieser Paletten dar.

Ihre Arbeitsaufgabe besteht darin, die im Ausgangslager (Position A) liegenden Paletten *(zeigen)* in das Endlager (Position C) umzustapeln. Dabei haben Sie folgende Arbeitsbedingungen zu beachten.

Sie dürfen immer nur eine Palette bewegen. Desweiteren dürfen Sie aus sicherheitstechnischen Gründen immer nur eine kleinere Palette auf eine größere legen; niemals aber eine größere auf eine kleinere Palette. Damit Sie diese Bedingungen erfüllen können steht Ihnen Position B *(zeigen)* als Zwischenlager zur Verfügung.

Haben Sie ihre Aufgabe verstanden?

Wenn ich sage "Jetzt" können Sie mit der Aufgabe beginnen. Versuchen Sie, so wenig wie möglich falsche "Umstapelungen" vorzunehmen, es gibt eine Optimalvariante. Versuchen Sie diese Optimalvariante zu finden, indem Sie genügend lange überlegen, bevor Sie mit den eigentlichen "Umstapelungen" beginnen. Beachten Sie weiterhin, daß ein einmal ausgeführter Zug Ihnen stets angerechnet wird, auch wenn Sie diesen wieder rückgängig machen.

Abschließend habe ich noch eine Bitte. Äußern Sie - laut und deutlich - sämtliche Gedanken, die Ihnen ab dem von mir gegebenen Kommando "Jetzt" durch den Kopf gehen. Denken Sie laut, damit ich mir ein Bild von Ihren Überlegungen machen kann.

Haben Sie noch Fragen.

Anmerkung: Die Instruktionen wurden vom Versuchsleiter vollständig (außer die kursiv gedruckten Worte) verlesen. Bei Nichtverständnis seitens der Versuchsperson wurden gegebenenfalls einzelne Abschnitte wiederholt.

Uns interessiert, wie Sie im allgemeinen handeln.

Manchmal handelt man anders, als man eigentlich handeln will. Wir wollen nun wissen, wie Sie <u>wirklich</u> handeln. Sie sehen zwei Aussagen in jeder Zeile. Bitte lesen Sie erst <u>beide</u> Aussagen durch, bevor Sie antworten. Welche der beiden Aussagen beschreibt Ihr Handeln am besten?

Ein Beispiel:

IM ALLGEMEINEN, WENN ICH ETWAS TUE ...

... dann lasse ich nicht locker, bis ich mein Ziel erreicht habe.	( ) trifft genau für mich zu	( ) trifft etwas für mich zu	( ) ich bin in der Mitte	( ) trifft etwas für mich zu	(X) trifft genau für mich zu	... dann passiert es nicht selten, daß ich mich von meinem Ziel abbringen lasse.

Diese Person hat angekreuzt, daß im allgemeinen die Aussage "... dann passiert es nicht selten, daß ich mich von meinem Ziel abbringen lasse" für sie genau zutrifft.

Bitte beantworten Sie jede Zeile.

SEPOD; TU Dresden, 1989, Hacker; unter Verwendung von Frese, Stewart und Hannover, 1987

IM ALLGEMEINEN; WENN ICH ETWAS TUE ...

1	... denke ich an das, was im Augenblick notwendig ist.	(1) trifft genau für mich zu	(2) trifft etwas für mich zu	(3) ich bin in der Mitte	(4) trifft etwas für mich zu	(5) trifft genau für mich zu	... denke ich über die langfristigen Folgen meines Handelns nach.
2	... finde ich es notwendig, über verschiedene Vorgehensweisen nachzudenken, bevor ich mit dem Handeln anfange.	(1)	(2)	(3)	(4)	(5)	... tue ich es auf die Weise, die mir zuerst als geeignet einfällt.
3	... denke ich nicht lange darüber nach, wie ich es machen will - ich mache es einfach.	(1)	(2)	(3)	(4)	(5)	... denke ich eine ganze Weile darüber nach, wie ich es machen will.
4	... habe ich eine ungefähre Vorstellung davon, wie ich vorgehen will, aber keinen genauen Plan.	(1)	(2)	(3)	(4)	(5)	... mache ich einen Plan, der wichtige Einzelheiten berücksichtigt.

IM ALLGEMEINEN, WENN ICH ETWAS TUE ...

5	... plane ich auch für Zwischenfälle, die andere für unwahrscheinlich halten.	(1)	(2)	(3)	(4)	(5)	... zerbreche ich mir nicht den Kopf über Schwierigkeiten, die ganz selten auftreten.
6	... denke ich erst daran, was ich zu tun habe, wenn ich es mache.	(1)	(2)	(3)	(4)	(5)	... plane ich lange im voraus, bevor ich etwas tun muß.
7	... finde ich es wenig nützlich, über frühere Fehler nachzudenken.	(1)	(2)	(3)	(4)	(5)	... finde ich es notwendig, über frühere Fehler gründlich nachzudenken.
8	... habe ich keinen zweiten Plan, für den Fall, daß etwas schiefgeht.	(1)	(2)	(3)	(4)	(5)	... habe ich noch einen weiteren Plan im Hinterkopf, falls etwas schiefgeht.

9	... neige ich dazu, Dinge zu planen, die andere ohne Plan in Angriff nehmen.	(5)	(4)	(3)	(2)	(1)	... plane ich nur, was unbedingt nötig ist.
10	... ist für mich das Überlegen der Vorgehensweise genau so wichtig wie das Ausführen.	(5)	(4)	(3)	(2)	(1)	... ist für mich das Ausführen wichtiger als das Überlegen der Vorgehensweise.
11	... überlege ich mein Vorgehen schnell, innerhalb weniger Sekunden oder Minuten.	(1)	(2)	(3)	(4)	(5)	... verwende ich viel Zeit auf das Überlegen meines Vorgehens.
12	... überlege ich mir möglichst das ganze Vorgehen bis zum Ergebnis.	(5)	(4)	(3)	(2)	(1)	... überlege ich mir nur die nächsten Schritte meines Vorgehens.
13	... mache ich über den Daumen gepeilte Vorgehenspläne und korrigiere Fehler bei Bedarf später.	(1)	(2)	(3)	(4)	(5)	... verbessere ich einen Plan lieber mehrmals, als daß ich später einen Fehler mache.

14	... versuche ich bei Unklarheiten in meinen Vorhaben und Plänen zunächst mehr Information einzuholen.	(5)	(4)	(3)	(2)	(1)	... mache ich trotz Unklarheiten in Vorhaben und Plänen weiter und kläre sie, falls erforderlich, bei einer Gelegenheit.
15	... genügt ein kleiner Anlaß, um ein Vorgehen, für das ich mich entschieden habe, neu zu überdenken.	(5)	(4)	(3)	(2)	(1)	... fällt es mir schwer, von einem gefaßten Plan abzuweichen, wenn sich etwas Neues ergibt.

A12

Verzeichnis der Berufe der Versuchspersonen

Voruntersuchung:

Nr.	Anzahl	Beruf
1	20	Medizinstudent

Hauptuntersuchung:

Nr.	Anzahl	Beruf
1	20	Medizinstudent
2	3	Handelsvertreter
3	1	Ingenieur für Energetik
4	1	BMSR- Techniker
5	1	Werkzeugmacher, Maschinenbauingenieur
6	2	Krankenschwester
7	1	Diplom- Gartenbauingenieur
8	2	Bibliothekarin
9	1	Textilingenieurin, Altenpflegerin
10	1	Diplom Physiker
11	1	Dekorateurin
12	1	Veterinärmediziner
13	2	Bühnentänzerin
14	1	Finanzsachbearbeiterin
15	1	Erzieherin
16	1	Elektriker

3- Faktorenlösung des SEPOD mit n = 107

(orthogonale Rotation - Varimax-Rotation mit Normierung)

Item	Faktor 1	Faktor 2	Faktor 3	Kommunalitäten
1	.2004	.0819	-.3665	.1812
2	.5273	-.1597	-.2678	.3753
3	.5908	-.3581	-.1098	.4892
4	.3378	-.4694	-.4989	.5833
5	-.0845	-.6100	-.3539	.5045
6	.2778	-.4040	-.4395	.4336
7	.8166	.0724	-.0818	.6787
8	.2397	-.1803	-.4593	.3010
9	.0237	-.7760	-.0886	.6106
10	-.3900	-.5782	-.0945	.4953
11	.3416	-.6457	.0976	.5431
12	.0832	-.2162	-.5004	.3041
13	.0847	-.1264	-.7596	.6002
14	-.0318	.0965	-.6186	.3930
15	.3048	.3153	.1041	.2031
Anteil	.1312	.1652	.1500	.4464

A14

3- Faktorenlösung des SEPOD mit n = 56[1]

(orthogonale Rotation - Varimax-Rotation mit Normierung)

Item	Faktor 1	Faktor 2	Faktor 3	Kommunalitäten
1	.1876	.3013	.2719	.1919
2	.2657	.5894	-.2585	.4848
3	.3488	.4271	.0305	.3050
4	.7744	.2218	.1273	.6650
5	.7449	-.2025	.0217	.5964
6	.6659	.1542	.2076	.5102
7	.0139	.7661	.1901	.6232
8	.5184	.0836	.2190	.3236
9	.5885	-.2384	-.1503	.4258
10	.4489	-.6016	-.1029	.5739
11	.5449	.0940	-.2701	.3787
12	.6413	.0485	.0074	.4137
13	.5204	.0963	.5717	.6070
14	.0114	-.0134	.8646	.7478
15	.0804	.6654	-.1782	.4809
Anteil	.2418	.1474	.0999	.4891

[1] "Um die Stabilität der 3-Faktorenstruktur zu prüfen, wurden die Fragebogenergebnisse der Probanden der SEPOD-Hauptuntersuchung (n=56) als Teilstichprobe der gesamten Untersuchungspopulation separat faktorisiert" (KRASSEK 1989, S. 99).